Boris Vallaud

Un esprit de résistance

Flammarion

ISBN : 978-2-0802-5422-1

Introduction

Il y a…

Il y a nos sociétés démocratiques attaquées de toutes parts au point que certains même louchent vers des « solutions » autoritaires, réputées plus rapides et plus efficaces.

Il y a les risques politiques et militaires quand s'effondre un ordre mondial vermoulu depuis longtemps, où le terrorisme met nos valeurs au défi et où des États, dirigés par des hommes sans foi ni loi, sapent les fragiles équilibres internationaux issus de complexes tractations et de subtils compromis.

Il y a la planète à bout de souffle parce que surexploitée, le climat malmené par une humanité inconsciente et des entreprises au cynisme assumé dont la recherche du profit à tout prix est l'unique moteur.

Il y a le dévoiement des sciences et des techniques mises au service d'intérêts particuliers et de pratiques douteuses.

Il y a des sociétés peu soucieuses du bien-être des citoyens où l'inégalité la plus criante impose sa loi. Celles où l'État, loin d'assurer la protection que l'on attend de lui, tolère, quand il ne l'organise pas, l'injustice, voire la violence.

Il y a la pauvreté qui humilie, avilie et tue, les vies invivables, et la richesse arrogante qui confère à ses détenteurs des pouvoirs indus.

Il y a celles et ceux, individus, entreprises, États, groupes divers, qui s'affranchissent sans vergogne de l'éthique et de la morale, des lois internationales et nationales, pour abuser de leur pouvoir, dominer, exploiter, asservir.

Il y a la mise en cause des valeurs qui nous fondent et d'une des caractéristiques les plus essentielles de ce qu'est notre pays : la laïcité. Malmenée, réinterprétée soit par ses ennemis de toujours, soit par certains qui veulent la mettre à bas tout en se servant de quelques-uns de ses principes.

Il y a la maladie dont la pandémie actuelle n'est qu'un des aspects les plus criants, les moins contrôlés et les plus révélateurs de nos manques et de nos errances.

Le temps n'est plus aux moratoires, aux lâches reculades, aux faux-semblants, à la pseudo-démocratie directe et aux prétextes tactiques. Ce temps, c'est celui de l'action ensemble, résolue et déterminée. Il faut reprendre la main.

*
* *

Depuis toujours, j'ai été, par choix, au service de l'État et de mes concitoyens, comme haut-fonctionnaire de terrain hier et comme élu d'un département rural, les Landes, aujourd'hui. Un choix réfléchi, en dépit des doutes et de la lassitude qui parfois me saisissent durant les longues nuits de travaux parlementaires à l'issue connue d'avance, en dépit de la vacuité de nombreux débats où ni la pondération ni la complexité n'ont droit de cité, dans lesquels il faut prendre parti sans nuance et sans délai, malgré l'inertie de nos institutions, la pesanteur des conservatismes et la permanence des égoïsmes de toutes sortes...

Un choix continûment réitéré, revivifié dans la proximité avec celles et ceux pour lesquels j'ai choisi de m'engager et qui donnent sens à mes combats, dans la fidélité humble à tant de femmes et d'hommes qui ont fait l'histoire et constituent mon Panthéon. Dans le souffle inextinguible du socialisme qui fait battre le cœur et, aussi, dans une forme de culte un peu romantique de la République et de l'État.

Cet État, je l'ai vu reculer et se déliter sous mes yeux, privé au fil des ans de beaucoup de ses prérogatives et de ses moyens. Il aura fallu attendre le retour de la gauche pour recréer, dans la police, l'armée ou l'Éducation nationale, les postes qui avaient été détruits aveuglément. Jeune sous-préfet, je tempêtais déjà de ne pouvoir assumer convenablement des missions que j'estimais essentielles, de ne pouvoir compter que sur de trop rares valeureux attachés de préfecture et de voir l'ingénierie de l'État se réduire peu à peu, pour n'être plus que l'ombre de ce qu'elle fut. Résonnait alors à mes oreilles la formule acide de Poincaré : « Un préfet, c'est un drapeau et une cuisinière. » En même temps que reculait le bien commun et le service de l'intérêt général, prospérait l'idée qu'il fallait faire « mieux » avec « moins », que la meilleure intervention était la non-intervention, que les équilibres économiques seraient « naturels » et qu'une « main invisible » rétablirait la situation en cas de besoin. Pourtant déjà, à chaque crise, c'était vers l'État que l'on se tournait et de lui que l'on espérait le salut. J'ai le souvenir encore net des grandes inondations qui ont frappé le Gard en 2005, de villages isolés, de maisons sous l'eau, de trains supprimés, de collégiens bloqués et de naufragés de la route. Je me souviens de la cellule de crise activée pendant des jours et des nuits sans sommeil, dans les sous-sols de la préfecture de Nîmes, des pompiers, des policiers et des gendarmes à pied d'œuvre au péril de leurs vies, des militaires de la sécurité civile, du SAMU et des agents des routes faisant bloc, tous tendus vers le sauvetage de nos concitoyens dans une mécanique impeccable. Le souvenir net et fier de cet État qui protège.

La pandémie aura eu au moins un effet positif, faire apparaître sous une lumière crue à quel point nos sociétés contemporaines sont démunies lorsque les événements se précipitent. Combien elles sont vulnérables, prises de court, et incapables de faire véritablement front, lorsqu'elles inversent l'échelle des valeurs et des priorités et lorsqu'elles désarment les structures, autant que les hommes et les femmes qui devraient être un rempart contre des risques que nul ne peut esquiver.

Devant tant d'impréparation, tant d'incapacité à réagir juste et fort, tant de difficultés à anticiper, et regardant en face les défis immenses qui se présentent à nous, on pourrait se désespérer. Pour ma part, je m'y refuse obstinément, d'abord parce que je connais toutes les ressources dont les Français sont capables face à l'adversité ; toute l'inventivité, le refus du lâcher-prise et la mobilisation qu'ils savent mettre en œuvre lorsqu'il s'agit de l'essentiel. Ensuite, parce que la tentation du laisser-faire ou du repli n'est pas une facilité, c'est un mensonge que l'on se fait à soi-même. L'histoire de notre pays n'est pas celle d'un peuple bêtement contestataire par amour du désaccord, comme certains se plaisent à le dire en une représentation ethnologique au petit pied, c'est celle d'une nation pour laquelle l'esprit de résistance a toujours été l'arme ultime. Parce que, lorsqu'ils ne sont pas désarmés, les Français sont capables de se surpasser, de renverser des montagnes, il suffit qu'on les écoute et qu'on leur donne les moyens de faire front. Dans cette crise gigantesque de la Covid, ils ont encore montré le meilleur d'eux-mêmes : des soignants portant à bout de bras un hôpital surchargé et fragile, des caissières, des éboueurs, des ouvriers de l'agroalimentaire sortant dans la lumière, pour faire tenir debout un pays qui les avait laissés jusqu'alors dans l'ombre, des enseignants transformant chaque jour leur métier pour ne pas laisser glisser une jeunesse qui se noie… La France est la patrie du courage heureux. Un vieux pays, qui s'est sans cesse réinventé, où de l'adversité naissent les plus belles réalisations, les plus grandes, et aussi les plus durables.

Il n'y a pas de progrès qui ne soit collectif ni d'objectif qui ne soit atteint sans la contribution de tous. L'exercice solitaire du pouvoir a toujours conduit à l'échec. C'est le moment d'agir, et d'agir ensemble. Lorsque l'on dispose d'une certaine expérience et d'un certain savoir, que l'on consacre le plus clair de son temps à l'action politique dans ce qu'elle a d'authentiquement désintéressée, il n'est, en effet, pas question de demeurer sans réaction face à la menace. Encore moins de se contenter des vieux outils et des recettes d'antan. C'est ce que je veux faire ici : remettre l'ouvrage sur le métier, analyser, réfléchir, douter aussi, et proposer. Il faut s'interroger sans cesse sur les valeurs qui gouvernent notre engagement, pour les affermir, pour déterminer les objectifs et passer à l'action avec celles et ceux qui ne se résignent pas à voir reculer les libertés, abîmer notre environnement, croître les inégalités, et le désordre du monde devenir la norme.

Peut-être est-ce cela qu'on appelle « être de gauche » ? Ne pas désespérer des hommes et des femmes, croire encore et toujours en un progrès possible, un progrès partagé et construit en commun, créant des solidarités d'ambition et de vie. Être de gauche, c'est être du côté du mouvement, espérer toujours de l'avenir, et faire front contre les tentations conservatrices. Être de gauche, c'est refuser la soumission à ce qui est présenté comme un ordre naturel ou une fatalité, c'est être du côté de ceux qui subissent l'Histoire, mais pour tenter de la dominer et la rendre plus juste.

Être de gauche, c'est, précisément, aspirer à la justice. La justice comme idéal et comme méthode face au péril climatique, la justice comme rempart au capitalisme financier et à la supposée modernité néolibérale, la justice comme chemin vers de nouvelles conquêtes sociales, la justice comme acte de résistance à toutes les dominations et toutes les discriminations, raciales, sexuelles, religieuses, économiques, la justice comme voie de règlement des tensions internationales. Être de gauche, c'est une question de principes, et les principes ne se divisent pas. Beaucoup dans ce monde a été détruit, c'est le temps de la reconstruction.

*
* *

Il n'est sans doute jamais aisé d'être le contemporain de son époque, a fortiori au cœur d'une crise. Mais comment envisager le monde d'après, écrasé par le poids du quotidien de la crise elle-même, sans céder à l'aspiration atavique d'un retour à la normale ou être tenté par la liquidation d'un vieux monde accablé de tous les maux ? Rien ne serait pire que de réactiver les pièges d'une eschatologie révolutionnaire, avivée parfois par la « collapsologie » de certains, ou de formuler la promesse, si souvent faite, de « lendemains qui chantent ». Romain Rolland a raison d'affirmer que « la fatalité, c'est l'excuse des âmes sans volonté », car rien n'adviendra sans une volonté de fer.

Gardons-nous aussi de crier de manière inconsidérée, comme certains avant nous : « Vive la crise ! », car pour cela, il faudrait avoir la force ou le privilège de pouvoir s'en réjouir. Sous nos yeux, l'architecture invisible et cruelle de notre société s'est révélée de manière aveuglante : de la Seine-Saint-Denis aux quartiers afro-américains de Detroit, en passant par le cœur de Palerme, l'épidémie a un prix, celui de la pauvreté et des inégalités. À chacun sa crise, à chacun son confinement, à chacun son imaginaire historique et social de la pandémie, à chacun son monde d'après. « Le romantisme du confinement est un privilège de classe » pouvait-on lire aux balcons des rues de Rome…

La Covid-19 n'est pas le patient zéro de la crise, elle est la morsure qui met en exergue toutes les autres. La morsure de la crise climatique, celle du tournant de la mondialisation, du délitement des solidarités internationales, de la montée des intolérances, et celle de la réorganisation du capitalisme… Mais cette crise aux multiples facettes ne dit qu'une seule et même chose : nous avons souvent subi et parfois failli.

Après la crise, il y a la crise et elle est dure aux plus faibles d'entre nous, aux chômeurs, aux intérimaires encore, aux travailleurs précaires, aux jeunes, aux plus âgés, aux étudiants, aux femmes, aux familles en grande précarité que le confinement, déjà, avait accablés plus que tous. Elle est dure aux classes populaires comme aux commerçants, aux artisans, aux restaurateurs, aux auto-entrepreneurs qui ne rattraperont pas le chiffre d'affaires perdu. La récession est profonde et durable, les déficits abyssaux, les dettes publiques monumentales. Après la crise, il y aura la crise. Et nul ne peut plus se contenter d'applaudir à vingt heures les héros malgré eux d'un monde que les circonstances ont projetés hors de la tranchée quand tant d'autres, réputés indispensables, vivaient un confinement doré. C'est d'abord à une question sociale d'une ampleur inédite que nous sommes confrontés et que le chômage partiel contient encore. Combien de temps avant l'avalanche de faillites et les cohortes de chômeurs dont certaines ont déjà commencé à se former ?

L'avenir nous met à l'épreuve du présent. De la réponse à cette crise dépendra le nouvel ordre politique et social sur la base duquel nous aborderons le jour d'après. Si, en ayant dépensé « quoi qu'il en coûte », il finissait par en coûter surtout aux plus modestes, si nous devions, face aux dizaines de milliers de morts et aux services de santé à la peine, ne pas reconsidérer radicalement la hiérarchie collective de nos valeurs comme la place relative de l'être humain et de l'économie, si nous ne devions pas tenir cette crise pour un ultimatum de la nature, c'est immanquablement la République qui s'en trouverait engloutie, la démocratie et tous les acquis de nos sociétés. Il faut panser le présent avant de penser le futur, être donc du côté de ceux qui subissent l'Histoire avec sa grande hache… pas du côté de ceux et de celles qui peuvent s'offrir le luxe de l'observer sans risques, et encore moins de ceux et de celles qui prétendent la dominer. Sans oublier ceux et celles qui en profitent.

Puisque dans le confinement nous nous sommes tant manqués, retrouvons-nous. Le néolibéralisme, dans ce qu'il porte intrinsèquement d'injustices, d'inégalités, de relégations, nous a pulvérisés au sens propre, réduits à l'état de poussière d'individus excessivement enfermés dans leurs irréductibles singularités ; contre lui, faisons masse. Voilà une façon de répondre à l'enjeu central de nos démocraties fragilisées et de nos sociétés atomisées, dans lesquelles les individus ne se sentent plus membres d'une communauté de destin, pour affronter ensemble les crises : faire corps, « faire peuple », c'est-à-dire créer et partager du commun, de l'universel, des solidarités, de l'intérêt général, des désirs et des rêves. Proclamons la fin des égoïsmes. Tel est, au fond, le message du socialisme. Mettons fin à la guerre de sécession qui emporte nos sociétés, cette fuite hors du monde commun, celle du repli sur soi pour les uns, celle de l'entre-soi pour les autres. Jamais les mots du pari de Blaise Pascal n'ont résonné aussi fortement qu'aujourd'hui : nous sommes « embarqués ». Alors, la question n'est plus de savoir quel est notre devoir, mais de l'accomplir. Nous avons perdu le contrôle, reprenons-le.

I.

La démocratie n'est pas fatiguée de mouvement, elle est fatiguée d'immobilité

Rien n'est plus exigeant, plus impérieux, plus exaltant, ni plus difficile aussi, que de changer la vie et pour cela de saisir au collet le cours des événements, d'en décider plutôt que de les suivre et de les subir. C'est le sens même de la politique et le désir plus ou moins avoué de celles et de ceux qui s'engagent. J'ai, pourtant, tant de fois éprouvé un sentiment d'impuissance dans l'action, comme fonctionnaire puis désormais comme élu. Je l'éprouve, encore, chaque fois que frappent à la porte de ma permanence ces personnes aux vies dures pour qui les promesses de la République sonnent creux et pour lesquelles je me fais l'effet de n'être qu'une modeste bouée quand elles demandent à être dans l'arche avec tous. Que signifient pour ces personnes les mots de liberté, d'égalité et de fraternité au fronton de nos bâtiments publics ? Je le ressens dans les yeux des ouvriers et des ouvrières dont les usines ferment et qui veulent que l'on resserre les poings pour retenir le sable d'une industrie qui glisse entre les doigts... Pour eux, que peut l'État ? Cette impuissance, je l'ai vue et je la vois dans le scepticisme et parfois le soupçon des Français à l'endroit de leurs représentants, qui se demandent s'ils décident encore un peu eux-mêmes de leurs vies à travers nous. Je la sens dans la faiblesse d'administrations désarmées, dans l'impécuniosité de l'État longtemps guidé par le catéchisme de l'orthodoxie budgétaire, dans son effacement, même relatif, dans la pesanteur de règles techniques, administratives, juridiques, opposées comme autant de fins de non-recevoir aux idées neuves. Elle est là, dans la « contrainte extérieure » ou dans les prétendues lois d'une mondialisation qui n'en a pas tant, dans l'omnipotence et l'omniprésence de la puissance privée et, plus intimement aujourd'hui, dans la faiblesse insigne d'un parlement que j'adore pour ce qu'il fut et que j'abhorre pour ce qu'il est : un artefact un peu grossier de démocratie et de souveraineté populaire.

Pour autant, ce n'est pas avec le regard d'un parlementaire désenchanté, mais avec celui d'un démocrate exigeant que j'ai acquis la certitude, renforcée durant l'épreuve d'un peuple tout entier entravé par la permanence de l'état d'urgence sanitaire, que c'est dans la réaffirmation de l'État de droit, de la souveraineté et de la démocratie, indissociablement liés, que réside la force nécessaire aux grandes transformations auxquelles nous sommes appelés. Qu'il y a là cette réforme matricielle préalable rendant possibles toutes les autres. Dans le dévouement de tant d'hommes et de femmes, infirmières ou caissières, éboueurs ou livreurs, fonctionnaires de police et agents municipaux, soldats de l'An 20, la crise nous rappelle que la démocratie est fraternité, solidarité, sens civique. Elle est une vertu, elle est une morale. Il n'y a pas meilleure arme que la vitalité d'une démocratie exigeante pour affronter les désordres du monde, affirmer une souveraineté, imposer une volonté.

Avec la crise, l'État ressurgit en majesté et en ambiguïté, dans ses fonctions essentielles, entre Providence et Léviathan, entre toute-puissance et fragilité insondable, en symptômes croisés d'un repli du pouvoir public et d'une perte de souveraineté, en utopies heureuses mêlées d'aspirations autoritaires. Retour de l'État ? Oui, et de quel État parlons-nous ?

La République vit de liberté

Dans les circonstances qui nous occupent, je crois à la nécessité de penser, d'abord, un État respectueux du Droit qui résiste à la tentation d'infliger des défaites à ses propres principes, de lois d'exception en exceptions aux lois, rendant permanent l'état d'urgence face au danger terroriste, aux crises migratoires, au risque pandémique… Je le sais, rien n'est simple quand la peur domine. Un État qui résiste à la tentation de répondre au sentiment d'un monde toujours plus dangereux par le renoncement à ce qui fonde nos démocraties libérales comme ordre politique supérieur : les droits fondamentaux et les libertés publiques. Ce ne sont pas là des colifichets faits pour quand tout va bien, mais ce sont des digues pour quand tout va mal.

Après un an déjà d'un état d'urgence sanitaire donnant au gouvernement des pouvoirs exorbitants, un an d'un parlement affaibli, d'une justice au ralenti, de privations de libertés individuelles aussi élémentaires que celle de circulation, le combat pour la liberté est un devoir de vigilance afin que ne s'installe pas, subrepticement, un ordre politique et social qui effacerait trois siècles d'émancipation. Car la pente est là. Partout, dans les jeunes démocraties à peine sorties de la nuit soviétique comme dans les démocraties les plus établies, en France, en Grande-Bretagne, en Allemagne, en Italie ou en Suisse, les exemples se multiplient, à des degrés divers, de ces attaques, voire de ces entraves, contre les libertés publiques. Nombre de signaux faibles qui finissent par constituer des signaux d'alarme : ici, la contestation du droit de manifester ou du droit de grève à l'occasion de grands mouvements sociaux ; là, la criminalisation des associations humanitaires et la pénalisation de l'activité militante alors que n'en finit pas de se jouer le drame de la migration en Méditerranée ou dans la Manche. Dans certains pays, c'est la liberté d'informer et le secret des sources qui sont mis en cause par les services de renseignement ou battus en brèche à l'heure de la post-vérité et des *fake news*. Dans d'autres, c'est le recours excessif à la force publique du fait de doctrines du maintien de l'ordre manifestement inadaptées. Les menaces aux libertés sont partout, dans les multiples coups de canif aux droits des femmes et dans l'accès à l'interruption volontaire de grossesse, comme dans la remise en cause de l'autorité des constitutions, des tribunaux constitutionnels ou de la Cour européenne des droits de l'Homme. Elles sont, enfin, dans l'abus de pouvoir numérique de multinationales hors de tout contrôle ou d'États sans scrupules, dont les révélations sur les fuites de données par Edward Snowden ou le scandale Cambridge Analytica ont donné la mesure…

Face aux lézardes au fronton de nos idéaux, affirmons la prévalence de la Liberté et du Droit comme principes absolus et indivisibles. La liberté d'être d'accord ou de ne pas l'être, de croire ou de ne pas croire, de s'opposer et de proposer, la liberté pour le faible comme pour le puissant, celle de faire des choix, de demander des comptes, celle d'être respecté dans sa dignité, de demander des changements, de refuser l'arbitraire. La liberté qui l'emporte sur l'abus de pouvoir. Il existe toujours de bons prétextes pour renoncer à ces principes au moment même où il faut s'y cramponner parce qu'ils sont le repère et l'amarrage. Quelles libertés nous resterait-il à défendre, et au nom de quelle idée de la République et de l'humanité, si nous devions n'y pas veiller ? Parce qu'elles sont aussi notre identité et notre raison d'être. On ne protège pas la liberté en réduisant les libertés, fût-ce de manière temporaire. Souvenons-nous des mots de Clemenceau : « La République vit de ces libertés assumées par des citoyens libres et responsables. » Moins de libertés, c'est toujours moins de République. Il nous faut donc maintenir un État qui protège sans infantiliser, qui libère sans aliéner, qui sanctionne les abus de pouvoir pour garantir l'intérêt général. Un État soucieux de la « vie bonne » et de la justice. L'État, non comme une nostalgie absolutiste et irresponsable, mais comme un outil au service du progrès humain et de la protection des plus faibles. En un mot, au service absolu des citoyens. Si la défense des libertés est si essentielle, et si l'État tel que je l'entends, et tel que les socialistes l'entendent avec Jaurès, Bernstein ou Kautsky, en est le garant, c'est qu'il n'y a pas de projet émancipateur sans défense de la liberté.

La souveraineté sans le souverainisme

En ce sens, je pourrais dire que la souveraineté est une liberté, celle qui donne le pourvoir d'agir. Mais dire aussi qu'il faut penser la souveraineté sans le souverainisme, sa forme étriquée sous ses airs martiaux, et débarrassée du nationalisme, sa part maudite et dangereusement agressive. Je crois en une souveraineté politique qui s'impose à l'ordre économique, affirme une puissance, une indépendance et une capacité dans l'action. Une souveraineté qui s'affirme contre les abus de pouvoir de la puissance privée, contre la puissance économique sans limite de quelques multinationales se moquant des États comme jamais et rongeant méthodiquement la puissance politique. Celles-là qui imposent leurs lois aux lois, leurs volontés à la volonté générale. Elles produisent règles, normes, monnaies. Leurs capitalisations sont sans commune mesure avec la richesse des nations. Des multinationales plus fortes que des États et qui transforment chacun d'entre nous en pantins dociles. Quelle souveraineté resterait-il dès lors à cette assemblée de citoyens dont parlait Jaurès, rois dans l'ordre politique, quand celui-ci est contesté ? Quand la puissance privée le dispute à la puissance publique ? Que reste-t-il quand un clic a plus de pouvoir qu'un million de bulletins de vote ?

Big Brother privatisé, Léviathan numérique. L'ordre politique est renversé. Cela ne peut se faire. Les multinationales doivent lui être soumises et si elles le refusent, être démantelées. La concurrence et la diversité sont aussi essentielles dans le domaine des idées et des savoirs que dans celui du commerce ou de l'économie, et ne se laissent entraver par aucun monopole.

Je crois aussi dans une souveraineté alliée de la question écologique, quand bien même climat, pandémie et pollutions restent des questions mondiales. Elles font corps dans la lutte contre l'accaparement des terres et pour l'indépendance alimentaire. C'est une souveraineté qui fait céder les règles budgétaires, qui n'ont rien de sacré ni d'intangible, devant l'impératif environnemental et privilégie le rapprochement des lieux de production et de consommation, se fait protectrice des biens communs mondiaux. Une souveraineté qui considère d'un regard neuf l'articulation entre le mondial et le local et inspire une reconsidération radicale des règles du commerce international.

Je crois, enfin, à la souveraineté solidaire, qui ne pense pas que la frontière constitue une protection magique et qu'elle mette fin à l'interdépendance entre les peuples et les nations. Une souveraineté qui n'invite pas au « confinement national », au repli frileux sur soi, mais qui place la nation en son centre sans exclusive d'autres « nous pertinents » sur les plans local, européen ou mondial. La souveraineté n'est pas l'ennemie de l'Europe et du nécessaire concert des nations.

Pour qui s'inscrit dans la tradition du pacifisme éclairé de Jaurès et de l'internationalisme exigeant de Blum, l'esprit de Philadelphie, déclaration proprement fondatrice des objectifs de l'Organisation internationale du travail – qui affirme, dès 1944, qu'« une paix durable ne peut être établie que sur la base de la justice sociale » –, est un souffle inextinguible. De même, l'Europe demeure dans ses valeurs fondatrices – la démocratie, la destinée commune, l'esprit du compromis et de la concertation, la paix, la solidarité et l'amitié entre les peuples – une aspiration intacte. Mais sous les assauts d'un libéralisme économique cynique et destructeur, des illusoires égoïsmes nationaux et de chauvinismes étouffants et stériles, le vivifiant concert des nations a perdu son souffle ; quant à la construction européenne, elle n'a parfois été pour la gauche européenne qu'un impératif moral et un chemin suivi sans grande exigence, ni puissante imagination, alors qu'elle eût dû être une « ardente obligation ».

Peu à peu, la gauche euro-exigeante a abandonné la critique de l'Europe à ceux qui n'en voulaient pas. L'Europe, même libérale, pourvu qu'on ait l'Europe, au prix d'une coupable disqualification du projet européen lui-même. À François Mitterrand qui clamait « l'Europe sera socialiste ou ne sera pas » répond, en écho, le spectre sinistre d'une Europe au bord du gouffre et menacée à chaque crise de disparaître. Le corset de l'austérité budgétaire, les égoïsmes nationaux, le fétichisme de la concurrence prétendument « pure », juste et non faussée, le libre-échange en échange de rien, la soumission à une mondialisation déloyale, dont nous avons fini par être les idiots utiles, ont réduit l'Europe à une quasi-impuissance. Et qui plus est, cette Europe impuissante s'est fâchée avec ses citoyens qui devraient pourtant en être ses irréductibles défenseurs.

Or l'Europe peut être le syndic de sa propre faillite ou, au contraire, tenir la promesse exigeante de ses valeurs. Nous devons aux espérances d'Europe de Victor Hugo ou de Briand, à l'œuvre, même imparfaite, de ses pères fondateurs, mieux que des victoires en trompe-l'œil ou des plans de relance au goût d'inachevé.

Je suis définitivement européen de cœur et européen de raison. Parce qu'après l'Europe, il n'y a pas d'après, il faut audace et intransigeance pour lui donner la substance politique qui lui manque, pour contester un ordre politique et normatif qui s'exerce loin des urnes et pour exiger la démocratie parlementaire qu'on lui refuse, le budget et les ressources propres nécessaires pour réorienter son action vers la lutte contre les inégalités et contre la crise écologique.

Une Europe puissante, une Europe protectrice, capable de reprendre le contrôle de son propre destin, de réécrire les règles de la mondialisation et de produire des biens communs européens. Une Europe du savoir, de la recherche et de la formation des plus jeunes dans son giron pour bâtir l'espace politique et culturel de demain. Nous devons faire mentir l'idée que ce que nous avons perdu nationalement, nous ne l'avons pas non plus gagné sur le plan européen. Se plaindre de la prétendue omnipotence de l'Union européenne tout en s'indignant qu'elle ne soit pas plus présente face aux diverses menaces auxquelles nous devons faire face ne sert à rien.

L'Europe doit demeurer plus que jamais une ambition partagée. Elle l'est pour des raisons historiques, culturelles, politiques et démographiques. Face aux désordres du monde, face aux risques pandémiques, au golem numérique des GAFAM, à la voracité des marchés financiers et des multinationales, face au réchauffement climatique, au terrorisme tous azimuts, face aux pays menés par des aventuriers sans ni foi ni loi, et à la culture politique voisine de zéro, l'Europe doit être un rempart. Car ce sont autant de dangers impossibles à affronter seul.

La gauche internationaliste a également abandonné le multilatéralisme à un « marché total » qui piétine les revendications de justice sociale et de solidarité. Le choc de la Covid peut être la dernière piqûre sédative du multilatéralisme, ou inaugurer, entre les impasses de la globalisation libérale et le repli identitaire, un chemin nouveau tenant compte de l'interdépendance des nations, tout en respectant leur souveraineté, c'est-à-dire les conditions librement consenties de leur intégration dans la mondialisation, et leur singularité. Un multilatéralisme appuyé sur la solidarité entre les nations et sur le respect d'un ordre mondial écologique et social fondé notamment sur les accords de Paris (négociés âprement par le président François Hollande, faisant céder une à une les digues de la résignation et du scepticisme climatique) et sur les conventions de l'Organisation internationale du travail.

Nous ne réglerons aucun des désordres du monde seuls. Nulle nation ne se diminue quand, libre, servant les idées de paix, de progrès, d'humanité, de défense de l'environnement, elle dit aux autres nations : unissons-nous, donnons au monde des règles justes et durables. Dans ce monde conflictuel et fracturé, la France doit réinvestir le multilatéralisme. Il ne tient qu'à ses dirigeants de se donner les moyens du leadership auquel ils prétendent. Dans les domaines environnementaux, sociaux, commerciaux, dans le maintien de la paix comme dans la solidarité internationale, l'exemplarité de notre pays est la condition de sa crédibilité.

Retrouver le sens de la démocratie

Un État souverain qui n'aurait pas avec lui la force d'une démocratie vivante sombrerait dans l'arbitraire ou dans l'impuissance. À certains égards, la crise de confiance dans nos institutions et dans la politique nous place sur le fil et nous oblige à une réaction vigoureuse. Il faut penser une démocratie exigeante dans ses principes et dans ses méthodes, capable d'exprimer les attentes de la société dans sa complexité et ses contradictions, du peuple dans son irréductible mais enrichissante diversité, et de résoudre les conflits par le débat citoyen, par le « pouvoir d'agir social », par les corps intermédiaires et par la délibération afin d'atteindre l'intérêt commun.

Une démocratie digne de ce nom, c'est une démocratie qui arbitre entre des intérêts contradictoires pour défendre l'intérêt général, et c'est avant tout le rôle du parlement, expression de la souveraineté du peuple. Un parlement dont la faiblesse m'attriste et m'inquiète chaque fois que j'en franchis le seuil, conscient que moins d'un électeur sur deux nous a désignés pour les représenter… que tous espèrent pourtant de nous, autant que nous les désespérons par une forme d'impuissance ou d'incapacité institutionnelle à construire les grands compromis républicains face à une figure présidentielle omniprésente et omnipotente. Je les vois, je les entends ces citoyens impatients, attentifs à chacun de nos débats, à chacune de nos prises de positions, je les écoute qui nous encouragent ou nous houspillent. Un parlement aux moyens de contrôle dérisoires, à l'initiative réduite à peau de chagrin, dont le pluralisme politique se réduit à un exercice de style dans le débat parlementaire, tant les oppositions sont faibles dans les droits qui sont les leurs et tant la majorité aussi est tenue par la puissance irrépressible du fait majoritaire. Aujourd'hui comme hier, la démocratie n'est pas fatiguée de mouvement, elle est fatiguée d'immobilité.

Partout sur la planète, la dénonciation de l'injustice, l'urgence écologique et le combat démocratique pour un État de droit sont intimement liés. La France n'y fait pas exception. À cet égard, le changement de nos institutions et de nos pratiques politiques est indissociable de la grande transformation à laquelle nous sommes appelés. La Ve République, à bout de souffle, est devenue au fil des décennies pathologiquement inapte, voire hostile, à la concertation, au débat, à l'expression des oppositions, d'autant plus qu'elle est désormais abîmée par un césarisme présidentiel qui infantilise le peuple et déresponsabilise ses représentants, légitimant les expressions les plus désordonnées de la rue et la remise en question des règles mêmes de la démocratie parlementaire. Il faut retrouver la vitalité démocratique perdue, celle qui forge notre identité : celle du parlementarisme qui n'est pas un vilain mot frappé d'usure, mais la promesse d'un débat libéré du rendez-vous devenu infertile de l'élection présidentielle, particulièrement depuis l'inversion du calendrier électoral présidentiel et législatif en 2002. Au poste privilégié de secrétaire général adjoint où je me trouvais, sans doute moins hélas pour agir que pour voir, j'ai pu observer en grandeur réelle bon nombre des dysfonctionnements de l'État. D'abord, le ballet des courtisans, assez peu renouvelés semble-t-il d'une majorité à l'autre, jamais en reste d'une suggestion intéressée, d'une pression amicale ou d'un propos malveillant destiné à nuire tout en se faisant valoir. Ensuite, l'incongruité de ce pouvoir à deux têtes et la rivalité larvée permanente entre le premier des Français, le Premier ministre et la quantité parfois négligeable que représentent les ministères dans les décisions importantes. Mais aussi les ravages d'une relation dégradée à un parlement définitivement faible et incapable de faire vivre une majorité dans la diversité de ses composantes, l'impuissance se conjuguant à la division. J'ai aussi vu de près la trahison méthodique de celui qui préparait son avenir au détriment du gouvernement qu'il était censé servir et en définitive de celui du pays. J'ai vu enfin, même sous l'autorité d'un président jamais suspect de complaisance quand il en va des valeurs de la République, comment certaines décisions pouvaient être prises au débotté, sans véritable concertation, comme ce fut le cas pour la tristement fameuse « déchéance de nationalité ». C'est pourquoi je redoute au plus haut point un régime présidentiel dont je considère qu'il porte en lui intrinsèquement les ferments du césarisme et qui n'attend que de rencontrer César pour céder au caporalisme.

La France a besoin d'une Assemblée nationale plus représentative grâce à un mode de scrutin garantissant une plus grande liberté de choix parmi les candidats à l'élection et une meilleure proportionnalité dans la répartition des sièges, grâce au scrutin préférentiel. Un autre rapport au vote pour redonner le goût perdu de la politique. Une modalité de scrutin qui permette à chaque électeur de classer sous forme de liste les candidats par ordre de préférence et de ne qualifier pour le second tour que ceux qui sont au-dessus de la médiane, c'est-à-dire ceux dont au moins 50 % des électeurs considèrent qu'ils sont les plus aptes à gouverner. Exigeons une Assemblée nationale renforcée dans ses moyens et ses prérogatives, avec des droits étendus pour les oppositions, fondant ses majorités sur des contrats de gouvernement garants du respect du suffrage, des engagements pris devant les électeurs, du pluralisme politique et du bien commun, et choisissant dans les rangs de sa majorité un Premier ministre présidant aux destinées du pays. Un Premier ministre qui détermine et conduit effectivement la politique de la nation au lieu de n'être que le ventriloque du président de la République. Un chef du gouvernement qui, pour cela, doit présider le Conseil des ministres, nommer aux emplois civils et militaires et détenir seul le pouvoir de dissolution. C'est donner là de la force à l'indépassable démocratie représentative, celle-là même qui rend des comptes.

La vitalité est celle, aussi, de la démocratie collaborative et pas simplement comme un supplément d'âme dans l'air du temps. Il faut engager fermement les citoyens et plus globalement la société civile dans le processus démocratique, en consacrant la possibilité d'actions, de coopérations et de délibérations des individus dans toutes les sphères de la société. Nous devons mettre en institutions des pouvoirs d'initiative, d'évaluation et de contrôle citoyens. Consacrer « l'œil du peuple » selon la formule révolutionnaire, non pour concurrencer la représentation issue des urnes mais pour lui donner la force qui trop souvent lui manque. Une démocratie collaborative, fruit d'un dialogue fécond entre des représentants élus et des citoyens électeurs qui doit trouver sa place à tous les échelons de la société, par les consultations citoyennes via le référendum d'initiative partagée, par des budgets participatifs, par des conférences de consensus, par les jurys citoyens… Nous avons su le faire de façon exemplaire, je crois, en transcendant les familles politiques, pour défendre Aéroports de Paris (ADP) contre les velléités de le privatiser : 185 députés et sénateurs lançant un processus de référendum d'initiative partagée soutenu par plus d'un million deux cent mille électeurs. La participation civique est un enjeu majeur du renouveau démocratique.

Partout l'engagement doit être soutenu, syndical, associatif, citoyen. Être citoyen dans chaque acte de la vie courante est une aspiration de plus en plus grande de centaines de milliers de femmes et d'hommes. J'en ai été le témoin enthousiaste au Conseil départemental de Saône-et-Loire alors présidé par Arnaud Montebourg et dont j'étais le directeur général. Je me souviens de ce grand acte de confiance, de cet exercice inédit de transparence : des élus confiant à un jury citoyen tiré au sort le soin de vérifier que la hausse des impôts, rendue inéluctable par l'étranglement financier des départements par l'État, était bien exclusivement consacrée à la prise en charge de la dépendance. Le travail sérieux, méticuleux et exigeant de ces simples électeurs forçait l'admiration et la démocratie en est incontestablement sortie grandie. J'ai vu aussi la ferveur citoyenne dans la tournée gigantesque de réunions publiques que nous avions organisée. Les finances étaient exsangues et un douloureux plan de sauvetage devenait inévitable. Jusque dans les territoires les plus reculés du département, nous avons vu affluer des centaines d'habitants venus comprendre, débattre, apporter la contradiction, proposer aussi. Certains revenaient d'une réunion à l'autre avec des idées nouvelles, nous laissant ici un plan détaillé, là un carton rapidement griffonné précisant leur pensée. Quelle leçon extraordinaire de démocratie collaborative !

Dans les moments que nous vivons, j'en suis convaincu, nous devons compter sur la capacité des citoyens eux-mêmes à changer les règles du jeu, et en particulier celles du marché : la remise en cause de la toute-puissance du capitalisme financier passe par l'affirmation de la puissance publique mais également par un renouveau démocratique et civique partout et tout le temps, en particulier dans l'entreprise, qui est aussi une communauté de destinées.

Au-dessus de la loi du marché, il y a celle de la démocratie, au-dessus des intérêts particuliers, l'intérêt général et le bien commun. À la suprématie actionnariale, au court-termisme spéculatif qui s'est imposé aux dépens des stratégies industrielles de long terme et des salaires, nous devons opposer un nouvel esprit d'entreprise fondé sur un rapport rénové de la puissance publique à la puissance privée, développer la présence des administrateurs salariés et leur participation à la vie de l'entreprise – la codétermination –, promouvoir les formes coopératives d'entreprise, partager ainsi le pouvoir pour répondre tout à la fois sur le plan moral et organisationnel à l'anomie du capitalisme financier.

Retrouver la vitalité, c'est, enfin, imposer l'exigence de la démocratie sociale, aujourd'hui si malmenée, accusée d'être le refuge des conservatismes et des intérêts particuliers, quand elle n'est pas tenue pour fauteuse de crise. Là où la démocratie sociale est faible, les désordres sont grands ; son rôle est pourtant plus essentiel que jamais à la gouvernance du travail face aux progrès technologiques, au changement climatique et à l'accélération sans contrôle de la mondialisation. Le dialogue social doit être au cœur des débats sur la solidarité entre les générations alors que la population vieillit et que nos sociétés sont mises au défi de la dépendance, tandis que la jeunesse, elle, est confrontée aux difficultés de son insertion professionnelle ; le dialogue social doit aussi être au cœur des controverses sur le juste partage de la richesse à l'heure de la dématérialisation et des multinationales se jouant des frontières et des États ; au cœur des nouvelles formes du travail, en prise avec les « travailleurs du clic » des plates-formes ; au cœur des grands chamboulements du monde du travail et du tissu productif ; au cœur des enjeux de sécurité et de santé au travail, de la responsabilité éthique et environnementale des entreprises ou de l'équilibre entre vie privée et vie professionnelle… Rien de ce qui concerne l'avenir du travail, de notre modèle de société ne saurait être étranger au dialogue social et aux partenaires sociaux qui le font vivre. Je suis convaincu qu'il faut sortir de la période de suspicion dans laquelle nous sommes, et qui n'a cessé d'être dangereusement cultivé depuis cinq ans.

Le dialogue social n'est pas qu'affaire de droit, c'est aussi affaire de culture. Une culture à consolider par tous les moyens. Plutôt que de restreindre le champ du paritarisme, il faudrait au contraire l'étendre, promouvoir le dialogue social à tous les niveaux de la branche, à la plus petite entreprise, et, pourquoi pas, inciter à la syndicalisation en en faisant une condition du bénéfice de certaines conventions collectives.

*
* *

Je crois à la nécessité de penser indissociablement le triptyque État-souveraineté-démocratie, pour résister aux raccourcis sociologiques, au peuple essentialisé, au manichéisme réducteur – « eux et nous » –, à la tentation populiste. Le populisme aboutit, nécessairement selon moi, à des simplifications politiques et à un État antésocial, politiquement immature et potentiellement autoritaire. Il faut concevoir la puissance de la politique par l'État comme fruit du consentement, la souveraineté forte de l'acquiescement du souverain, c'est-à-dire du peuple, le pouvoir et les contre-pouvoirs. Les formes et les fonctions essentielles de la nécessaire autorité de l'État doivent être conformes à l'idéal humain et humaniste que nous avons l'exigence de servir.

Penser indissociablement le triptyque État-souveraineté-démocratie, c'est en somme redonner à la politique sa puissance perdue. Le néolibéralisme, dans ce qu'il porte en lui d'inégalités, de violences, de destruction de l'environnement, de mise en concurrence des modèles sociaux et des travailleurs eux-mêmes, dans ce qu'il produit de disqualification des États et d'affaiblissement de l'autorité publique, menace d'emporter définitivement le libéralisme politique. Résistons. Le « dégagisme » que nous pensions réservé aux vieux partis et à leurs serviteurs, est en réalité un « dégagisme » de la démocratie libérale elle-même accusée d'avoir été faible, ou même complice de ces dérèglements. Certains qui aiment jouer de ce point de vue avec les allumettes devraient se souvenir du prix de l'incendie. Reprenons le contrôle. Dans la crise que nous traversons, plus que jamais, se révèle une impitoyable compétition entre modèles politiques. Face aux démocraties libérales, et parfois en leur sein même, se dressent toutes les nuances de l'autoritarisme politique converti au capitalisme financier, à la mondialisation libérale et peu encline aux utopies vertes. Parce que la démocratie est mortelle, battons-nous pour elle chaque jour avec une énergie sans retenue.

II.

Nous traversons un temps de révolutions

La crise nous fait buter sur la réalité concrète, nous pouvons nous refuser à la voir et poursuivre comme si de rien n'était. Mais nous ne nous sauverons pas en nous accrochant à l'ordre ancien et mieux vaut prendre le changement en main avant qu'il ne nous prenne à la gorge. La crise nous a collectivement mis face à nos fragilités, à celles de nos vies, de la nature, de nos institutions, à l'arbitraire de certains dirigeants nationaux. Elle a mis en lumière les failles et les insuffisances du monde tel qu'il a été jusqu'à aujourd'hui.

Nous voici donc au pied du mur. L'écho des applaudissements de vingt heures aux premiers de corvée impliqués dans la crise, réminiscence fugace des « fêtes du malheur » du conventionnel Barère, hommage improvisé aux vies âpres et généreuses qui tinrent la tranchée, nous appelle à convertir l'alerte en perspective et la critique en action. Nous ne traversons pas seulement une crise, nous sommes au cœur d'une révolution qui transforme les modèles économiques et productifs et emporte avec elle tous les schémas familiers de la société passée. Nous vivons une phase de transition entre un monde ancien et un monde nouveau. Depuis longtemps déjà, elle laisse les plus vulnérables au bord du chemin. Réputés inadaptés au système qui prévalait jusqu'à aujourd'hui, ils ne peuvent qu'être rejetés par celui qui se met en place si l'on n'y prend garde.

Ce qui sombre en partie actuellement, c'est une organisation socio-industrielle à la fois keynésienne et fordienne à laquelle se sont adossés le droit du travail et sa régulation : production de masse indifférente à la finitude du monde, consommation de masse, jusqu'à l'ivresse pour les plus riches, carrière idéalement linéaire, salariée, dans la même entreprise ou la même administration, enchaînement immuable des temps de vie – études, emploi, retraite –, régulation par la redistribution des fruits de la croissance, paradigme de l'État-providence, désormais soumis à la question de sa pertinence et de sa nature.

C'est cet ordre-là qui s'effondre aujourd'hui et ébranle les cadres connus d'un modèle économique et social mis au défi de transformations majeures : mutations anthropologiques, révolution numérique, crise écologique, mondialisation libéralo-financière. Ces évolutions font surgir d'insondables contradictions entre la dynamique économique (et sa nécessaire métamorphose) et le maintien de la cohésion sociale, percutant l'idée même de progrès social.

Une protection sociale pour apprivoiser le hasard

Face aux défis vertigineux de l'époque, l'avenir est un saut dans le vide. Ce saut dans le vide, j'en ai vu l'angoisse dans les yeux des couturières de Lejaby, des papetiers du groupe Gascogne ou d'UPM, des ouvriers métallurgistes de Métaltemple. J'ai entendu le son de la peur du lendemain dans les voix étranglées des ouvriers mineurs de Rio Tinto, des transporteurs routiers de chez Mory Ducros, des pétroliers de chez Kem One… De tant d'autres en vérité, au côté d'Arnaud Montebourg au ministère du Redressement productif, dans ces combats qu'il ne refusait jamais de mener, parce qu'il en allait de la vie de femmes et d'hommes et que c'est de leur dignité qu'il s'agissait, quand tant d'autres voyait en lui un Don Quichotte. Les moulins à vent, c'étaient ces entreprises. Chaque échec fut pour nous un coup de poing dans le ventre. Nous touchions du doigt, dans la pluie battante des plans sociaux, la réalité brutale et tragique de la désindustrialisation. « On ne sait rien faire d'autre », cette phrase désespérée, je l'ai entendue tant de fois. J'ai vu le désœuvrement, le découragement de représentants syndicaux devant l'indifférence d'un patron sans visage à l'autre bout du monde, j'ai vu ces chefs d'entreprise courageux au pied du mur infranchissable de la concurrence déloyale, du dumping fiscal et social… J'ai le souvenir de tous ces sauts dans le vide, de ces appels au secours. Aujourd'hui, c'est à la porte de ma permanence à Saint-Sever que tapent les ouvriers qui voient le monde avancer sans eux, les paysans priant pour que jamais leurs enfants ne reprennent une ferme qui les usent sans plus les nourrir, les tâcherons, les journalières sans protection sociale et la jeunesse désœuvrée qui n'a pas droit à grand-chose avant vingt-cinq ans. Je nourris de tout cela un sentiment de colère inextinguible et la force de mon engagement.

Ce qui caractérise le présent et plus encore l'avenir, c'est l'incertitude. Il faut y faire face de manière résolue et inventive. Ce que nous devons imaginer, pour cela, c'est une protection sociale qui « apprivoise le hasard », adaptée à l'incertitude du temps qui soumet l'individu à des forces qui le dominent. Nous avons besoin de mécanismes de solidarité qui nous permettent d'affronter les trente prochaines années, la transition écologique et la révolution numérique qui n'a donné à voir qu'une part d'elle-même et de ses conséquences tous azimuts.

Pour inventer une protection sociale qui permette à chacun de se projeter dans des temps incertains, il ne suffira pas de s'accrocher à l'ordre ancien, aux régulations conçues durant les Trente Glorieuses ; la taxation des contrats courts et la défense du CDI, certes nécessaires, ne tiendront pas lieu de réforme. Nous ne pouvons plus nous satisfaire d'une protection conditionnelle avec des seuils, des calculs, des exclusions. D'une protection qui se défait lorsque l'on change de travail, de régime, de statut, et qui pousse à s'abîmer dans le travail pauvre. Nous avons besoin d'une protection dégagée des habituels jugements moraux attachés aux réformes sociales, d'une organisation lisible, qui ne porte pas la suspicion dans ses bagages. Ce doit être une protection sociale universelle et inconditionnelle, efficace, sécurisant les travailleurs en transformant les transitions professionnelles en opportunités, là où elles les suspendent aujourd'hui au-dessus de l'abysse. Une protection adaptée aux mutations du salariat (faux auto-entrepreneurs, livreurs Deliveroo et chauffeurs Uber sans protection sociale...), prenant en compte les parcours atypiques, les carrières hachées, les accidents et les temps de vie, pour assurer la continuité de l'état professionnel des personnes par-delà la diversité des situations de travail et de non-travail. Une protection faite de droits personnels et inviolables qui le sont parce que la collectivité les garantit. Ce sont de nouveaux droits de la personne humaine. C'est ainsi que l'on cesse d'opposer paresseusement l'individu au collectif, piège théorique dans lequel la gauche est souvent tombée. Pas un simple filet de sécurité, mais un tremplin, un modèle social qui dessine aussi un horizon de société. La prochaine gauche sociale sera celle du retour à l'universel, c'est-à-dire à des politiques, des droits et des mécanismes de solidarité qui valent pour tous et qui sont le bien commun d'une nation de citoyens égaux.

La gauche qui affronte l'avenir, c'est celle d'un universel qui s'incarne dans de nouveaux outils, de nouveaux droits et dans la défense acharnée du service public. C'est d'abord pour moi, le Compte personnel d'activité, au fondement d'une sécurité sociale et environnementale professionnelle pour le XXIe siècle. Le Compte personnel d'activité, c'est le compte universel qui regroupe et rend lisibles et accessibles tous les droits sociaux, quelle que soit la situation personnelle pour lutter contre les impasses de non-recours. Il n'est attaché à aucun statut particulier, chacun en dispose qu'il soit en emploi, en formation ou au chômage, qu'il soit salarié, indépendant ou bénévole. Un compte inclusif adossé à un service public de l'accompagnement social et professionnel global, construit dans la proximité avec les collectivités locales et les acteurs de l'insertion. C'est un capital de droits disponibles non seulement pour affronter les risques de la vie, les ruptures de parcours professionnelles, mais aussi comme une nouvelle manière de choisir sa vie et de la construire. Un outil d'émancipation qui permet de mieux articuler ses projets de vie personnelle et professionnelle et concilier les étapes de sa vie, de moduler son temps de travail, de se former, de changer d'orientation, de prendre soin des siens, de s'engager.

Peu importent les changements, les choix, les virages, les droits sont là, plus sécurisants encore qu'un CDI.

C'est aussi le revenu de base, pour tous dès dix-huit ans et sans condition, qui ouvre un champ de liberté immense et d'abord celui de pouvoir vivre. Un revenu d'émancipation, ainsi que nous l'avons proposé, départements et parlementaires socialistes, rejoints par tant d'autres au cœur de cette crise, pour que chacun puisse choisir son chemin. Dès dix-huit ans pour mettre fin à cette situation inique, inefficace et infantilisante qui consiste à n'accorder la majorité sociale qu'à vingt-cinq ans. Une singularité française en Europe. Dix-huit ans au nom de la justice sociale et de l'égalité républicaine. Au nom de l'émancipation pour que convergent désir d'autonomie et aspiration à l'indépendance. Au nom aussi d'un rapport de confiance renouvelé de la nation dans sa jeunesse. Un revenu de base inconditionnel, faisant le choix résolu de l'accompagnement plutôt que du contrôle, parce qu'aucune étude au monde, aucune expérimentation conduite n'a jamais fait la démonstration de la moindre désincitation à la recherche d'un emploi. Un revenu de base pour contredire les fantasmes sur l'assistanat et sur la bouée qui entraînerait celui à qui on la jette par le fond. Automatique enfin, pour sortir de l'extrême pauvreté celles et ceux qui ne demandent même pas leurs droits, faute de les connaître. Le gouvernement y est obstinément demeuré sourd. Pour assurer aux hommes la liberté, il faut avant tout leur garantir l'existence, déclarait Léon Blum en écho à Jaurès qui affirmait « une fois émancipé, tout homme cherchera lui-même son chemin ».

C'est, encore, le capital d'émancipation, un capital de départ ouvert à dix-huit ans qui délie le financement de ses sources habituelles (revenus, minima ou rentes). Un capital pour consolider ou reprendre une formation, pour régler une difficulté de mobilité, se payer son permis de conduire ou son premier véhicule. Un capital de départ pour un projet d'engagement associatif national ou international ou pour construire un projet entrepreneurial. Un capital de départ pour que démarrer dans la vie ne soit pas le privilège de quelques-uns, parce que les inégalités de patrimoine progressent bien plus que les inégalités de revenus. L'universel, ce sont des droits pour tous plutôt que des allocations pour certains.

C'est, enfin, celle d'une Assurance maladie obligatoire à 100 % pour tous, garantissant à l'ensemble de la population une couverture de bonne qualité et interdisant les renoncements aux soins pour raisons financières.

On nous objectera que tout cela est impossible et qu'il n'y a pas l'argent pour… Rappelez-vous, il était impossible hier d'indemniser le chômeur, impossible de verser une retraite au travailleur âgé ou impossible de prendre en charge les soins médicaux de toute la population. L'histoire des luttes sociales regorge de ces impossibilités-là. Et c'est, précisément parce que tout cela était « impossible » que nous l'avons fait !

Un État social de service public

L'universel c'est, aussi, la défense acharnée du service public comme bien commun accessible à tous, sans lequel il est impossible aux plus modestes de bien vivre. Tous les fonctionnaires, moi le premier, ressentent cette fierté au fond d'eux d'avoir choisi le service du bien public. Je sais qu'on ne sert pas l'État comme on sert une entreprise privée et j'ai toujours été personnellement blessé, d'abord pour tous ces collègues que j'ai eu l'honneur de conduire dans mes différentes responsabilités, par la dénonciation convenue, et à tout dire médiocre, de la prétendue marée montante du fonctionnarisme. De même ai-je toujours vécu comme une forme de mépris les poncifs gestionnaires. Combien de fois n'ai-je pas entendu moi-même, dans l'hémicycle de l'Assemblée nationale, mes collègues parlementaires se revendiquer de leur expérience dans le privé pour afficher leur condescendance envers ceux du public ? Aucun d'entre eux pourtant n'a jamais su me dire quelle entreprise accomplissait chaque jour le miracle de soigner des centaines de milliers de personnes, d'assurer la sécurité de soixante millions de Français en tous points du territoire, ni quelle multinationale accueillait chaque matin quatorze millions d'enfants pour les instruire avec rigueur et dévouement. Le service public, oui, est bien le capital de ceux qui n'en ont pas, et il demeure l'instrument de l'amélioration des conditions de vie et de la lutte contre les inégalités sociales.

Il est pour moi une institution au-dessus de toute autre dans l'œuvre missionnaire jamais totalement achevée de la République, la construction d'une nation d'égaux, c'est l'école. Il y a dans cet attachement, sans aucun doute, comme beaucoup, nostalgie et reconnaissance pour mes professeurs, dont je garde aujourd'hui encore les noms et les visages. Mais il y a aussi l'émotion qui demeure intacte du jour où une jeune femme politique, forgée au creuset de l'école de la République, est devenue la première femme ministre de l'Éducation nationale, elle qui avait choisi comme table de travail celle de Jean Zay et qui savait mieux que quiconque ce que l'école peut accomplir pour déjouer les destins écrits d'avance, elle qui savait la dette infinie qui était la sienne vis-à-vis de l'institution dont elle devenait le premier serviteur. Sans doute cette émotion n'appartient-elle pas qu'à moi, mais, enfin, un peu quand même... Aujourd'hui, je crois que rien ne m'émeut plus que de me rendre devant les classes de ma circonscription des Landes à l'invitation d'un professeur des écoles et de mesurer sa tâche vertigineuse et admirable. J'aime regarder le visage de chacun de ces enfants et imaginer l'horizon immense et sans frontière qui s'ouvre pour lui. Laquelle, lequel fera mentir ce que la vie est censée lui réserver ? L'instruction publique, laïque, gratuite et obligatoire reste indubitablement le ciment de la République contre les grandes féodalités sociales, religieuses, économiques et territoriales toujours à l'œuvre mais aussi, l'assassinat d'un professeur, Samuel Paty, si souvent redouté depuis 2012, nous l'a rappelé avec horreur, contre toutes les forces de la désunion nationale.

Parce que rien n'est possible sans la paix sociale, qui est l'un des plus grands biens qui soient, il nous revient, en évitant les inégalités et les injustices de toute nature de la préserver. D'autant plus qu'elle est menacée par un mal renouvelé et pernicieux, les atteintes en tous genres à la laïcité. Pour être né au Liban, pays pour lequel je conçois toujours une tendresse particulière même si elle est souvent attristée par la situation dans laquelle l'a mis une classe politique sans foi ni loi, je mesure encore mieux à quel point l'organisation d'une société laïque est un bienfait absolu. Un État dans lequel la coexistence des croyants de toutes obédiences entre eux et des non-croyants n'est pas assurée, où la liberté de conscience comme celle d'expression – car c'est cela la laïcité – n'est pas garantie, comme c'est le cas au Liban, État multiconfessionnel où la laïcité n'existe pas, est un État de guerre civile. Ce n'est pas par hasard que, depuis des années, un grand nombre de Libanais réclament un État laïc, eux qui sont l'avenir de ce pays ami. L'école, et l'on sait ce qu'il peut en coûter à ses serviteurs, est ici en première ligne, nous avons toutes et tous le devoir de la protéger et de l'accompagner. L'école et ses professeurs ont la patrie entre leurs mains, apprennent la liberté, la justice, la laïcité, la République ; ils enseignent l'esprit critique, la liberté d'expression, la fraternité, la sacralité de l'homme et construisent des citoyens. Ils donnent les clefs de la compréhension du monde et les outils de la citoyenneté. L'émancipation à laquelle travaillent les forces de progrès passe toujours par l'institution scolaire.

L'École au sens large – de la « maternelle à l'université » – est l'outil toujours privilégié par le « socialisme d'éducation », pour reprendre la formule de Péguy. Longtemps, enseignantes et enseignants se sont retrouvés dans cette définition du « socialisme républicain » qui fit de l'École une fabrique de citoyenneté. Force est de constater que ce lien s'est largement distendu. L'école et son monde doivent redevenir le socle du projet de transformation sociale portée par la gauche.

Trois priorités doivent orchestrer ce retour.

La première concernent élèves et étudiants. La massification par l'extension de l'obligation scolaire et l'accès d'un nombre grandissant de jeunes à l'enseignement supérieur n'a pas reposé sur une véritable démocratisation. Celle-ci doit mobiliser tout à la fois des pratiques pédagogiques adaptées à des publics de plus en plus diversifiés et socialement éloignés du monde du savoir et des soutiens matériels renforcés (accompagnements scolaires, bourses, suivis médico-sociaux, etc.).

La seconde doit répondre, de toute urgence, à la dégradation grandissante de la situation sociale des enseignants de toutes catégories, des professeurs des écoles jusqu'aux enseignants-chercheurs de l'université, à commencer par les plus jeunes, tous victimes d'une chute dramatique de leur niveau de vie et du déclassement qui en découle. Relever le statut du métier d'enseignant est une obligation morale. L'ignorer aboutit ni plus ni moins à la déshumanisation de nos sociétés.

La troisième concerne la mixité sociale à l'école. La concentration d'enfants issus de milieux défavorisés dans un petit nombre d'établissements pénalise les enfants eux-mêmes, fait baisser l'efficacité générale du service public de l'éducation et percute les principes mêmes que l'école est censée transmettre de justice et d'égalité. L'école ne remplit dès lors plus son rôle de creuset social avec d'un côté des établissements « ghettos » qui cumulent les difficultés, de l'autre des établissements ghettos « bourgeois » qui attirent les enfants issus des milieux les plus favorisés pour lesquels le contournement de la carte scolaire est un sport. Comment prétendre dès lors construire une nation de citoyens quand la promesse d'égalité apparaît frauduleuse dès le plus jeune âge ? Comment vivre ensemble quand on n'a pas grandi ensemble ? Penser l'école, c'est ainsi, d'abord, nous tourner vers l'avenir.

Cette grande transformation de notre République sociale, solidaire au présent et sûre pour l'avenir, nous la devons à la jeunesse, impatiente, sévère et exigeante, mais jamais résignée, qui tant de fois débordant par les rues pour s'élever contre l'injustice ou défendre le climat, est aujourd'hui, une nouvelle fois, en première ligne. Elle est la clef ou le verrou du monde que nous avons à construire et son sort déterminera celui de toute la nation. Lui donner la possibilité de son envol plutôt que lui couper les ailes, voilà l'exigence. Donner à la jeunesse les moyens de son émancipation pour qu'elle prépare un avenir guidé par l'idéal d'égalité, l'impératif de justice et l'exigence de solidarité. Donner à chacune et à chacun, sans considération de sa naissance, le pouvoir de vivre dignement, de se former, de trouver un emploi, de se loger, de fonder une famille et de prendre part au grand dessein d'un monde qui change et d'une France qui se lève.

L'universel pour penser au-delà de soi

La République sociale inscrite au fronton de notre constitution, ce n'est pas seulement de proclamer des égaux, c'est d'en construire. Un

État social ne se contente pas de corriger les inégalités, mais contrarie les fatalités et transforme les destins. Nous devons nous battre pour l'égalité des droits, des protections, d'un système social complet pour temps incertains, c'est là le chemin retrouvé de l'espérance républicaine trop souvent désertée qui conduit au repli sur soi et parfois au rejet des autres.

La République sociale, c'est, au fond, j'en ai l'intime conviction, pour le camp du progrès la meilleure façon de prendre en charge le sentiment national contre celle, étriquée et excluante, des nationaux populistes. C'est aussi la seule voie pour surmonter l'éternel dilemme entre la recherche de l'universel et l'affirmation du particulier, de l'unité et des identités singulières, un dilemme qui, sans cesse réactivé, fracture le corps social. Il faut sortir du vain affrontement entre les procureurs qui incriminent un « universalisme menteur », qui essentialisent les identités singulières, identités exaltées, parfois même victimisées, et s'y enferment jusqu'au rejet de l'autre, et les négateurs des identités particulières qui y voient autant de tentations séparatistes. Comme le rappelle Aimé Césaire, « il y a deux manières de se perdre : par ségrégation murée dans le particulier ou par dilution dans l'universel ». « Ma conception de l'universel, dit-il dans sa lettre à Maurice Thorez, est celle d'un universel riche de tout le particulier, riche de tous les particuliers, approfondissement et coexistence de tous les particuliers. » Riche du particulier, mais, ajoutons à la pensée du poète sans risquer de la trahir, pas des particularismes, ceux que l'on cultive avec comme seule visée d'exclure et de s'exclure. L'équilibre est ténu, sa recherche même périlleuse, mais ô combien nécessaire dans ces temps de fragilité où tout menace de nous éloigner les uns des autres.

L'identité qui se ferme à l'autre, en effet, l'identité comme affirmation de soi contre les autres, l'identité comme une foi sans culture, prend le risque de se confondre avec l'obscurantisme. Pour surmonter les maux et les conflits, il faut apprivoiser la « panthère », ainsi qu'Amin Maalouf désigne l'identité, par l'éducation, par la culture. L'identité est une construction sociale, un processus. Les identités personnelles comme les identités collectives sont le produit des interactions sociales. L'identité commune se forge dans l'altérité, dans l'écoute réciproque, dans les expériences partagées, les dispositifs éprouvés ensemble, les valeurs défendues en commun que l'on peut raccrocher aux spécificités de sa propre vie, dans les promesses accomplies. Elle peut aussi faire en sorte que les portes soient ouvertes ou fermées, fabriquant de l'exclusion ou de l'accueil, de la bienveillance ou de l'adversité. Elle se bâtit dans le regard de l'autre, ce regard qui emprisonne ou libère. Une prise en compte réfléchie des identités, socio-professionnelles, socio-culturelles, n'est pas nécessairement une concession faite au repli sur soi, cela peut-être un éveil, une ouverture à l'humanité et aussi une médiation vers l'universel.

Toutes les valeurs de la République conduisent à cela. L'universel qui émancipe, l'universel qui rassemble, qui mène vers du commun pour vivre sous une même loi ensemble et pas seulement les uns à côté des autres. L'universel pour penser au-delà de soi-même, de sa condition, de ses origines, de son histoire, de ce que l'on a appris. L'universel pour concilier le même et l'autre et pour trouver refuge dans notre commune humanité. La République jusqu'au bout comme accomplissement d'elle-même. Une République laïque parce que sociale. Une République de citoyens libres et émancipés qui s'adresse à tous.

III.

Comment les inégalités détruisent nos sociétés

« Chaque génération, sans doute, se croit vouée à refaire le monde. » Comme l'écrit Camus en son temps à propos de la sienne, « sa tâche est peut-être plus grande. Elle consiste à empêcher que le monde se défasse », c'est, en effet, la meilleure manière de le reconstruire pour n'en garder que les fondements sains. L'heure sonne de la rupture avec le désordre établi. Rompre avec un monde devenu invivable du fait de l'explosion des inégalités et bientôt inhabitable en raison du réchauffement climatique. Poursuivre l'égalité réelle et le bien-être des générations futures, c'est rétablir la primauté de ce que nous partageons et donc, tout simplement, de la justice et du droit.

Scandale de l'inégalité des destins

S'il est un trait du présent qui traverse le monde, c'est bien l'incroyable explosion des inégalités. L'immense défi inégalitaire est là, tout entier devant nous, dressé tel un mur bien souvent invisible… et nous sommes au pied de ce mur.

La mesure donne le vertige : la part du revenu national allant aux seuls 10 % des plus gros revenus est de 37 % en Europe, 41 % en Chine, 46 % en Russie. À eux seuls, les 1 % les plus riches ont capté plus du quart de la richesse mondiale depuis le début des années 80, pendant que les 50 % les plus pauvres en recueillaient à peine 12 %. Ainsi, entre 1983 et 2015, le revenu moyen des 1 % les plus aisés a doublé.

Sans doute y a-t-il toujours eu des riches et des pauvres, et il n'est pas question de mépriser la réussite – vive les créateurs, les entrepreneurs, les inventeurs. Soyons clair une fois pour toutes : la critique du capitalisme financiarisé n'est pas celle de l'esprit d'entreprise ou de l'esprit d'innovation et encore moins de la réussite ; mais, dans ce moment de l'histoire de l'humanité, ce prétendu ordre des choses, cet accaparement *ad nauseam* de richesse entre les mains de quelques-uns entre en collision avec notre aspiration à la justice. Il porte en lui les ferments de toutes les discordes et de la dissolution des principes moraux qui permettent la vie en société. Qui peut sérieusement, quel que soit son talent, quel que soit son mérite, quel que soit son travail, se prévaloir d'une telle richesse qui porte en elle, dans sa démesure même, la négation de notre égale humanité, pas seulement comme norme morale mais comme vérité ? Qui, qu'il soit responsable politique ou économique, si ce n'est par laisser-aller ou par lâche complicité, peut encore aujourd'hui le tolérer et ainsi prendre le risque de sa propre disqualification et de sa propre impuissance dans l'action ?

L'enjeu n'est pas seulement une question d'écart de richesses. Certes, il y a l'économique, le palpable, ce que l'on trouve ou que l'on ne trouve pas, sur son compte en banque, mais il y a aussi tout ce qui est invisible, tout ce à quoi l'on croit et qui n'advient pas, toutes les promesses déçues de la société, doublées d'un sentiment d'abandon quand chaque fermeture de bureau de poste, de trésorerie, de classe d'école est vécue avec douleur. J'en suis le témoin lassé et exaspéré, ferraillant à intervalles réguliers pour défendre l'école d'un petit village de cette Chalosse rurale dont je suis l'élu ou monter au front aux côtés de ces maires dévoués pour que l'on maintienne quelques heures de plus la poste ouverte. Le destin des générations rejoint alors la relégation des territoires. Le défi égalitaire devient redoutable, quand travailler dur ne suffit plus, quand réussir ses études ne permet pas de se construire une vie meilleure, ou juste de s'en sortir… C'est là qu'est la différence avec les Trente Glorieuses, lorsque l'on pouvait encore tenir la promesse faite à ses enfants d'une vie meilleure que la sienne.

Nous en sommes là : en dépit de l'État-providence – si rudement attaqué – qui maintient les plus faibles – fort heureusement – au-dessus de la ligne de flottaison, les classes populaires et moyennes chancellent avec le sentiment d'être les laissées-pour-compte de la mondialisation. Pas seulement une impression d'ailleurs, mais une réalité largement prouvée par les économistes ; elle a même sa courbe dite « en éléphant », dessinée par l'économiste Branco Milanović pour montrer les gains inégaux de la mondialisation. Ainsi qu'il l'écrit, « pour le dire vite, les grands gagnants de la mondialisation ont été les pauvres et la classe moyenne d'Asie, et les grands perdants, les classes moyennes inférieures du monde riche ». Ou bien, pour dire les choses plus nettement, en France, au rythme de la croissance des années 1950, il fallait trente ans à un ouvrier pour accéder au niveau de vie d'un cadre. Il en faut cent aujourd'hui.

Il y a beaucoup de « Daniel Blake », ce personnage de Ken Loach, menuisier à Newcastle de cinquante-neuf ans, malade, contraint de faire appel pour la première fois à l'aide sociale et pris dans cette contradiction : interdit de travailler par son médecin et obligé de chercher un emploi sous peine de sanction par l'administration du travail. Ils sont nombreux ces invisibles, même avec le gilet jaune pour être vus, aux prises avec des services sociaux chamboulés par l'austérité. Des hommes et des femmes, sans interlocuteur, englués dans l'impossibilité de changer leur vie, disqualifiés dans leurs compétences après des années de labeur, désarmés face au caractère ubuesque d'une réponse sociale incapable de solidarité et d'efficacité. Une administration toujours suspicieuse et cachée derrière des procédures dépourvues de sens, demeurant incapable de saisir la contradiction des sentiments qui traversent ceux qui sont accablés par la difficulté. Des Daniel Blake, qui chaque semaine poussent la porte de mon bureau, m'attrapent par la manche dans les réunions publiques, me glissent un mot à l'oreille ou un papier dans la poche. Des gestes qui m'émeuvent, dignes et discrets. Des vies dures qui parfois se noient et se livrent à moi sans fard et avec un courage qui m'impressionnent toujours. J'ai appris à discerner cette confusion des sentiments de tant de nos concitoyens, qui va de la honte à la colère en passant par l'espoir et, bien souvent, aboutit au désespoir. Il y a beaucoup de vies invivables... Les promesses frauduleuses faites aux uns, la sécession affichée des autres nourrissent la frustration, voire une colère légitime. Sécession scolaire avec ses « bonnes écoles », sécession territoriale avec ses « bons quartiers », sécession professionnelle avec ses « bons métiers » et ses « bons salaires », sécession fiscale avec ses « bons paradis fiscaux », les gagnants d'une mondialisation heureuse tournant le dos aux perdants d'une mondialisation déloyale, avec l'assurance, plus ou moins assumée, des uns qu'ils ne doivent plus rien aux autres... Tout cela pousse à moins de solidarité, à la recherche de coupables, au deuil de l'ascension sociale, de l'intégration et de la promesse républicaine d'égalité... Bref, à ce repli caractéristique des sociétés qui vont mal et ne s'aiment pas. Je ne m'y résous pas.

La première inégalité est dans la possibilité de croire ou non en l'avenir et dans la capacité à avoir barre sur sa propre destinée. Les inégalités sont partout, mais, comme l'écrit si justement le sociologue Didier Fassin, « la plus profonde est celle devant la vie même [...]. Une vie dévalorisée finit par produire une vie abîmée ».

Des limites acceptables à la richesse

Les inégalités ne posent pas seulement un problème de conscience, elles sapent la cohésion de nos sociétés, ébranlent nos modèles sociaux, disqualifient les démocraties. Elles érodent la croissance même, elles aggravent tous les maux de la société, elles nuisent à tous et à tout. En tant qu'elles sont une construction sociale, les inégalités sont un problème politique. Elles sont même la mesure de la qualité éthique et de l'ambition politique d'une société. L'égalité, comme valeur et comme discipline collective pour construire le bien commun, est, par nécessité, la subordination des désirs individuels à l'intérêt général qui, comme on le sait, n'est pas la somme des intérêts particuliers. Le progrès est affaire d'idéal. Face à l'ivresse – et ici cela veut dire à la fois exaltation et errance – du néolibéralisme et sur les cendres des excès du capitalisme – multinationales échappant à l'impôt, fortunes vertigineuses, distributions de dividendes sans vergogne, retraites chapeaux et parachutes dorés obscènes, écarts de rémunérations insondables – s'édifie un désir ardent de justice.

C'est Platon qui écrit déjà dans les *Lois* : « Si un État veut éviter la désintégration sociale, il doit veiller à ne tolérer aucune augmentation de l'extrême pauvreté comme de l'extrême richesse dans quelque partie du corps social, parce que l'un comme l'autre conduisent au désastre. C'est pourquoi le législateur doit veiller à fixer clairement les limites acceptables à la richesse comme à la pauvreté. » J'ai toujours trouvé glaçant de vérité et d'actualité ces textes anciens immobiles tels des montagnes. Tout est dit, mais espérons cependant que nous n'arrivons pas trop tard pour agir... Il faut limiter les écarts de rémunérations confondants d'indécence. À la fin du XIXe siècle, le célèbre banquier J.P. Morgan estimait qu'un dirigeant d'entreprise ne devait pas percevoir plus de vingt fois la rémunération moyenne de ses salariés. Que dirait-il aujourd'hui du salaire du P.-D.G. de la banque qui porte encore son nom, salaire annuel qui avoisine les trente millions de dollars ? Que dirait Henry Ford, figure centrale du capitalisme industriel du XXe siècle, qui préconisait un écart maximal de rémunération de 1 à

40 ? En 2018, la rémunération annuelle moyenne des patrons du CAC 40 atteignait 5,77 millions d'euros, soit une hausse de 12 % par rapport à l'année précédente. Aucune étude économique, pourtant, ne vient établir de lien entre la performance économique des entreprises et le niveau de salaire de leurs dirigeants, ni corroborer l'idée qu'il existerait un marché pur et parfait des hautes rémunérations. Ni surtout qu'un quelconque « talent » mériterait des rémunérations aussi insolentes ! D'autant plus que les risques financiers personnels encourus par lesdites personnes sont, en général, nuls.

Alors que le SMIC stagne, l'écart se creuse et le travail socialement utile n'est pas rémunéré à sa juste valeur. Les gardes d'enfants, les agents de nettoyage des hôpitaux, ou de recyclage rapportent plus de bénéfices pour la société que le montant de leur salaire ne le laisse supposer. Si l'on en croit l'étude de la New Economics Foundation, *A Bit Rich* (2009), il y a un rapport de un à sept (voire de un à douze) entre ce que ceux-là sont payés et leur utilité pour la société, à l'inverse, des traders, des publicitaires ou des conseillers fiscaux dont les rémunérations sont très élevées alors que leur « plus-value sociale » n'est pas établie. Qui sont les véritables créateurs de richesses ? Quels métiers sont utiles ? L'historien et essayiste Rutger Bregman, avec malice, répond ainsi à la question : les éboueurs de New York en grève pendant six jours en 1968, dans le chaos économique d'une ville livrée aux rats, obtinrent satisfaction de leurs revendications salariales en moins d'une semaine, tandis que les banquiers irlandais en grève l'année suivante n'obtinrent rien après six mois de mouvement. On avait fait sans eux… Et si la pandémie avait posé, dans une certaine mesure, la question dans des termes identiques ?

« Il faut que le travail paie » dit-on. Certes, mais la réalité est qu'il ne paie plus toujours, ou bien peu, ou encore qu'il ne paie plus pour tout le monde, à supposer qu'il ait jamais payé. Que bien souvent la solidarité nationale pourvoit à ce que le salaire n'offre pas pour vivre. La France a un problème de coût du travail et de niveau des salaires ? Il y a surtout un problème d'inégalités salariales et de rémunérations excessives, de partage de la valeur ajoutée et aussi de niveau de distribution de dividendes. En France, depuis 2008, les salaires avant redistribution des 10 % les plus aisés ont progressé près de trois fois plus vite que ceux des 10 % les moins aisés, une tendance qui s'est accrue ces dernières années. Cette augmentation est encore plus importante si l'on considère les 1 %, ou les 0,1 %, souvent les dirigeants des plus grosses entreprises cotées en Bourse. La concentration de ces augmentations de salaires entre les mains de quelques-uns, dont les rémunérations de surcroît se limitent rarement au seul salaire, entretient une austérité salariale pour tous les autres et en particulier pour les plus modestes, alors que les dépenses contraintes des ménages ne cessent de croître, entamant pouvoir d'achat et niveau de vie de nombreuses familles. Elles pénalisent plus largement toute l'économie et toutes les chaînes de valeur dont chaque maillon est pressuré avec des conséquences graves sur notre économie. L'exemple du secteur du nettoyage est en cela significatif. S'il existe de grosses entreprises, il est aussi une multitude de PME aux patrons dévoués à leurs salariés et inquiets, les donneurs d'ordres ne cessant de réclamer des prix toujours plus bas en deçà du seuil de rentabilité et mettant en danger jusqu'à la vie de leur l'entreprise…

Nous en avions saisi le problème éthique mais pas le problème économique. On a longtemps tenu, en effet, cette captation pour irrémédiable et considéré que la richesse ainsi accaparée, même plus justement répartie, n'aurait de toute façon pas permis d'augmenter significativement les bas salaires, tant les premiers sont peu nombreux quand les seconds sont légion... On sait désormais que cela est faux et qu'un plus juste partage, reposant sur un effort somme toute modeste des très hauts revenus, permettrait d'augmenter significativement les plus bas salaires. Bien des hypothèses existent pour en faire la démonstration, mais celle-ci donne la mesure des choses : si l'on baissait de 1 % le salaire du centile 90, de 2 % le salaire du centile 91... jusqu'à 10 % pour le 1 % de salariés les mieux payés, cela permettrait d'augmenter de 110 euros net par mois les 30 % de salariés les plus modestes. Dit autrement, si l'on redistribuait les augmentations de salaires captées ces dix dernières années par les très hauts revenus (seuls 0,35 % des salariés en France gagnent plus de douze fois le SMIC), on pourrait augmenter de 10 % en moyenne près d'un tiers des bas salariés les moins bien payés. Voilà de quoi nourrir un débat nécessaire et sérieux loin des habituels lamentos sur le niveau du SMIC ou le coût du travail, loin des beaux discours entendus et prétendument pétris de morale sur la valeur travail, réputée perdue, valeur toute relative quand, précisément, celui-ci ne paie pas, ou trop mal. Faut-il augmenter les bas salaires ? La réponse est oui. Le peut-on ? Encore oui.

Alors que les révolutionnaires du XVIIIe siècle avaient porté haut le rêve égalitaire, celui-ci s'érode sous les coups de boutoir du libéralisme qui prétend lutter contre les injustices plutôt que contre les inégalités, mais ne fait en définitive ni l'un ni l'autre et abandonne les plus pauvres à ce qu'il considère comme leur destin de perdants. Après un petit siècle de recul historique, inégalités de revenus et inégalités de patrimoines progressent à nouveau depuis les années 80. La formule de Jaurès est fameuse : « Les privilégiés n'osant plus dire "cela est juste", disent "cela est inévitable". » Prouvons le contraire, car les injustices sont non seulement évitables, mais encore inadmissibles. Que chaque entreprise négocie des accords de solidarité salariales et de partage de la valeur ajoutée pour rééquilibrer la distribution des revenus dans le sens de plus de justice pour augmenter les bas salaires. Et légiférons pour limiter les écarts de rémunération de un à vingt. Nous avons créé le salaire minimum interprofessionnel de croissance, le SMIC, créons le SMID : le salaire maximum interprofessionnel de décence ! Après la Covid, comment admettre que le patron d'une chaîne de grande distribution gagne trois cents fois le salaire de sa caissière ? Retrouvons le sens de ce que George Orwell nommait la « décence commune ».

Des inégalités qui croissent, un impôt qui recule

C'est l'autre « affaire du siècle », vile et insidieuse. Elle corrompt tout, sape les États, génère une concurrence déloyale avec les petites et moyennes entreprises, distille le soupçon, alimente les inégalités, affaiblit nos modèles sociaux, dévore l'avenir. Les paradis fiscaux de quelques-uns sont l'enfer de tous les autres. Quand les plus grandes fortunes mondiales et les multinationales échappent à l'impôt avec parfois la complaisance, voire la complicité coupable de certaines administrations, ce sont des milliards qui manquent à la santé, à l'éducation, à l'environnement. 8 % du patrimoine financier mondial sont dissimulés dans les paradis fiscaux, soit près de 7 900 milliards d'euros. 40 % des profits des multinationales sont déclarés dans des paradis à fiscalité faible ou nulle, soit près de 650 milliards de dollars chaque année. Leurs profits croissent et pourtant leurs impôts baissent… Il manque à la France et à l'Union européenne 20 % des recettes qui leur sont dues au titre de l'impôt sur les sociétés.

Les inégalités croissent et l'impôt recule. Devant l'ampleur de l'injustice, le consentement à l'impôt chancelle et l'indignation croît quand ce n'est pas la colère qui gronde. La justice fiscale est un impératif démocratique indissociable de la lutte pour l'égalité. À la tentation commode et démagogique de la disqualification de l'impôt, il faut préférer la justice fiscale. Taxons les multinationales, McDonald's, Fiat, Sanofi ou Total et pas seulement les Amazon, Google et autres GAFAM. Que chaque société domiciliée à l'étranger vendant des biens ou des services en France, pour un montant excédant cent millions d'euros, paie l'impôt sur les sociétés en France, qu'elle y possède un établissement stable ou non. Les bénéfices imposables seraient ainsi calculés en multipliant les bénéfices mondiaux consolidés du groupe par la fraction de ses ventes mondiales effectuées en France. C'est la proposition que nous avons faite à l'Assemblée avec l'économiste Gabriel Zuckman. Il faudra y venir, même seuls.

Pour les personnes physiques, concevons enfin la réforme d'ensemble, juste et efficace, de l'impôt sur le revenu, aujourd'hui perclus de niches fiscales, figé dans des conceptions datées d'un modèle familial dépassé (quotients familial et conjugal), insuffisamment progressif (IR et CSG/CRDS) et, à tout dire, largement incompréhensible. Mettons en œuvre un impôt sur le revenu unifié payable dès le premier euro de revenu primaire gagné, avec un taux moyen faible en bas de l'échelle augmentant avec le revenu, capable d'intégrer le revenu de base comme socle de notre protection sociale sous forme d'impôt négatif – ce que le prélèvement à la source permet et justifie pleinement. Réformons le droit des successions pour taxer les gros héritages et la concentration indue du patrimoine entre les mains de rentiers, de bourdons improductifs, en préservant les classes moyennes et populaires. Une récente étude de la Booth School of Business de l'université de Chicago examinant trente-et-une réformes fiscales adoptées depuis 1945 montre que les baisses d'impôts qui bénéficient aux 10 % les plus riches n'ont produit aucune augmentation significative du revenu et de l'emploi, au contraire des baisses d'impôts pour les 90 % restants de la population. Réhabilitons l'impôt et appelons à plus de solidarité ceux qui le peuvent, y compris pour baisser celui de ceux qui n'en peuvent plus.

La vérité est celle-ci : les sociétés les plus heureuses sont aussi les moins inégalitaires. Le lien est désormais clairement établi entre les difficultés sanitaires, écologiques et sociales d'une société et l'inégalité des revenus. Les conséquences des inégalités finissent par avoir un impact sur le bien-être de chacun, riche ou pauvre, personne n'y échappe.

IV.

Penser ensemble la question sociale et la question environnementale

D'aucuns auront vu dans la contamination par la Covid du président de la République, au même titre qu'une aide-soignante ou qu'un livreur de chez Deliveroo, la part d'égalité devant le virus et de commune humanité qui nous rassemblent. La réalité, bien sûr, est tout autre, et chacun connaît désormais le coût social d'une pandémie qui aura fondu d'abord (et cela n'est pas une spécificité française, loin s'en faut) sur les plus modestes. Aujourd'hui comme hier avec la peste, le fait que la grande faucheuse n'épargne pas l'évêque ne rend pas la maladie plus juste. C'est une leçon indubitable de la pandémie : les inégalités de santé sont partout et se nichent dans l'intimité des vies elles-mêmes, dans le logement, dans l'environnement immédiat, dans les conditions de travail, dans l'équipement des maisons et dans l'alimentation…

Personne n'échappe non plus aux risques environnementaux. Pour autant, avoir la terre en commun, menacée par le réchauffement climatique ou la perte de biodiversité, ne suffit pas à soi-seul à faire éclore un destin collectif pour l'humanité. Les inégalités environnementales explosent par le haut comme par le bas et se traduisent, une fois encore, par l'accroissement des inégalités sociales. La désarticulation demeure tenace et profonde entre la question environnementale et la question sociale. La transition écologique même pourrait porter en elle, si l'on n'y prend garde, ce que le sociologue Olivier Schwartz nomme l'« extension du domaine du désavantage social ». Dire dès lors que la transition écologique et la question sociale sont liées ne suffit pas. Ce qui compte, c'est l'articulation entre l'organisation de la production et de la consommation transformée sous le poids de l'impératif environnemental, d'une part, et la structure des États-providence et des politiques sociales, d'autre part. C'est là qu'est l'enjeu, dans la construction d'un modèle social garantissant une vie digne pour tous et permettant de gérer les transitions professionnelles, dans la conversion dirigée du modèle productif. La transition énergétique/industrielle/numérique n'a pas à être reliée à la question sociale : elle est une question sociale en tant que telle.

On l'a vu dès les années 70 et la mémoire ouvrière et minière, qui en porte encore la cicatrice et la géographie, nous l'enseigne : la transition du charbon au pétrole – les Charbonnages de France comptaient alors à peu près 250 000 emplois – eut un coût économique, social, territorial et à tout dire, politique et culturel considérable. Une telle transition, comme celle immense qui s'annonce, doit être gérée au plus près, pour permettre la revitalisation des territoires et le transfert des salariés vers d'autres emplois, afin de faire en sorte, en d'autres termes, que ce type de modernisation économique et technologique s'articule aux attentes, aux mobilisations des individus et aux transformations de l'organisation sociale. Une transformation « civilisée » plutôt qu'un effondrement « barbare ». Il ne suffit donc pas de proclamer la fin du diesel ou du véhicule thermique, il faut en préparer l'échéance et donner aux ouvriers et aux ouvrières des Fonderies du Poitou, de Saint-Jean Industries ou de Bosch, le chemin de leur avenir sans se contenter du procès de ce qui, parfois pendant des décennies, fut leur vie heureuse et fière. Il faut construire la transition écologique, en étant à échelle d'homme. Il faut construire l'industrie de demain avec les ouvriers d'aujourd'hui.

Mieux produire et consommer

La transition écologique est une question industrielle, ou plus exactement de politique industrielle dans les choix collectifs de production et de consommation, dans la réorientation et la décarbonation de la production, dans le choix des investissements, dans la détermination de ce qu'il faut conserver, de ce qu'il faut abandonner. Et pour cela il faut se garder des amalgames et être précis sur les termes. Le productivisme, c'est l'aveuglement et l'indifférence aux limites de l'éthique environnementale et de celle du travail humain, c'est l'emballement, c'est l'excès, l'hubris d'une société consumériste jamais rassasiée. Le productivisme, ce sont les vingt collections annuelles de prêt-à-porter de Zara ou d'H&M au lieu des deux dans les années 80. C'est le « cartel Phœbus », le scandale de l'obsolescence programmée et les quarante millions de biens qui, en France, tombent en panne chaque année sans jamais être réparés. C'est l'iPhone X chassant l'iPhone 9, chassant lui-même l'iPhone 8 et le prêt-à-jeter… C'est la surproduction qui alimente la surconsommation. C'est Bhopal et Seveso et c'est aussi le Rana Plaza, le travail qui abîme, qui asservit et qui parfois tue…

Mais le procès du productivisme ne peut pas être celui, paresseux et injuste, de l'industrie. Nous avons payé trop cher l'invraisemblable fantasme d'une France sans usine, le démantèlement aussi obstiné que coupable de nos grands fleurons industriels depuis la Compagnie générale d'électricité, qui nous a conduits à l'impuissance jusqu'à l'absurde lorsque viennent à manquer de « pauvres » masques au cœur d'une pandémie diabolique que la mémoire collective avait abandonnée à l'histoire ou à la littérature.

La sobriété énergétique, la durabilité des produits, le respect des normes sociales et environnementales doivent devenir les principaux déterminants de la compétitivité de notre industrie et les règles du commerce international doivent être soumises à ces impératifs, lesquels disqualifient de fait les récents accords de libre-échange avec le Canada ou bientôt, peut-être si la déraison devait l'emporter, avec le Mercosur. L'Union européenne continue de négocier des accords de commerce avec nos partenaires, qui abaissent nos droits de douanes et nos barrières commerciales sans conditions ni contreparties réelles, notamment sur le plan social et environnemental, au risque de déstabiliser un peu plus encore nos modèles sociaux ou de fragiliser notre industrie comme notre agriculture. Quel sens y a-t-il à importer des bovins du Canada et à leur vendre du beurre ou bien encore à exporter des poulets au Brésil en leur achetant les céréales pour les nourrir ? On ne peut plus envisager la mondialisation sans règles communes, ni concevoir le libre-échange indépendamment des défis que sont la lutte contre les inégalités et le réchauffement climatique. Ce sont les conditions absolues de la construction d'un modèle de développement équitable et durable. Ces traités appartiennent au passé, nous devons ou les amender ou les abolir.

Nous avons besoin de chercheurs, d'ingénieurs, d'entrepreneurs, de techniciens, d'ouvriers, de paysans pour accomplir la grande mutation de notre modèle de développement, pour concevoir de nouvelles façons de produire, de nous déplacer, de nous soigner, d'habiter, d'enseigner… Des « hussards verts » en quelque sorte. Ce n'est pas là un horizon catastrophique qui s'impose à nous, mais une extraordinaire épopée qui se dessine pour nos entreprises, pour nos administrations, pour chacune et chacun d'entre nous quand l'avenir est à inventer. Nous devons nous fixer des objectifs ambitieux et mobilisateurs qui orientent la recherche et l'innovation, drainent l'investissement, mobilisent universités et écoles de formation, offrent une seconde vie professionnelle à chacun et à chacune, attirent la jeunesse en quête d'un engagement professionnel porteur de sens.

L'industrie doit être une aventure sans être aventureuse, se donnant un horizon ambitieux mais atteignable. Il nous faut retrouver l'esprit de conquête et le goût des défis. Comme hier Kennedy déclarait, « nous décidons d'aller sur la Lune au cours de cette décennie [...] non pas parce que c'est facile mais justement parce que c'est difficile », proclamons aujourd'hui à notre tour que nous atteindrons l'autonomie énergétique décarbonée, que nous vaincrons les maladies neuro-dégénératives, ou que nous restaurerons notre souveraineté alimentaire parce que c'est difficile et parce que c'est nécessaire. Inventer l'agriculture du XXIe siècle, relever le défi de nourrir de manière saine et durable dix milliards d'êtres humains dans le respect de l'environnement et dans la sauvegarde des modèles agricoles régionaux, de la polyculture et de l'élevage contre la monoculture défavorable à la biodiversité. Mettre au premier rang de nos préoccupations la santé des sols, le refus de l'accaparement des terres, le juste partage de la valeur ajoutée, le renouvellement des générations d'agriculteurs et l'installation de nouvelles, l'alliance entre les producteurs et les consommateurs. Tout cela appelle à une refondation profonde de la politique agricole et d'alimentation commune. Notre souveraineté alimentaire réside dans la régulation des déséquilibres de marché (quotas, prix planchers…), dans une nouvelle génération de traités consacrant l'exception « agriculturelle » et la loyauté du commerce mondial, dans la promotion de l'agroécologie… Voilà bien l'une des grandes aventures, de la préparation de l'avenir !

Un nouvel esprit d'entreprise

Les entreprises y ont leur rôle, premier par nature. L'État y a sa responsabilité, éminente. L'action des entreprises « déborde » sur leur environnement, comme elle déborde sur l'ensemble de la société. L'épuisement des ressources de la planète, la montée des inégalités, les crises financières, la pandémie désormais, ont épuisé le capitalisme comme jamais auparavant. C'est « l'heure d'une remise à zéro » de l'aveu même du très libéral *Financial Times*. C'est l'heure, dans ce moment inédit de conscience partagée, d'inaugurer un nouvel esprit d'entreprise pour reprendre les termes que nous avons choisis avec mes collègues députés socialistes et en particulier Dominique Potier. Car c'est aussi l'entreprise qu'il faut changer pour changer le monde. Avec un objectif simple : rappeler certaines à l'éthique et à la responsabilité, permettre à toutes de répondre aux aspirations à davantage de justice et d'écologie qui s'expriment aujourd'hui, les démocratiser, les convaincre de ne pas se comprendre uniquement comme des actrices de marchés préoccupés de profits mais comme des parties prenantes, politiques et sociales, du bien commun participant à l'idéal d'un monde meilleur.

Un nouvel esprit d'entreprise qui aurait, comme point de départ, une définition rénovée de son objet social prenant en compte les conséquences économiques, sociales et environnementales de ses activités et pas seulement le partage des bénéfices entre associés.

Qui prolongerait aussi l'histoire longue de la démocratie dans l'entreprise et mettrait ses pas dans ceux du programme du Conseil national de la Résistance et des accords de Grenelle en portant haut l'ambition d'une rénovation profonde de la gouvernance des entreprises, par l'institution d'une véritable codétermination à la française. Les salariés, partie constituante, doivent être fortement représentés dans les conseils d'administration et participer vraiment au gouvernement de l'entreprise contre les dérives de la domination actionnariale, mais surtout pour négocier, avec agilité et humanité, les mutations technologiques et favoriser l'enracinement de la codétermination dans nos territoires et dans les enjeux de la transition écologique. Une codétermination capable d'engager les entreprises, par le débat démocratique en leur sein, dans un nouveau modèle productif.

Ce nouvel esprit d'entreprise trouverait également sa traduction concrète dans un changement complet des normes comptables qui le dominent aujourd'hui, pour redonner la vue à un capitalisme aveugle à la question environnementale, destructeur des hommes et de la nature. Une comptabilité qui ne prendrait plus seulement en compte la performance financière, mais aussi sociale et environnementale. Dans la construction d'une organisation économique qui valoriserait le capital humain et le capital naturel autant que le capital financier, la révision de ces normes demeure une Bastille à prendre.

Un nouvel esprit d'entreprise qui exigerait enfin, à tous les niveaux, un devoir de vigilance sur les conséquences, humaines, sociales, territoriales et environnementales de leurs actions, ce beau combat né en France de la pugnacité de quelques ONG et de députés valeureux et, il faut le dire, d'un certain nombre de responsables d'entreprises aux exigences éthiques concrètes.

Je ne crois pas qu'il y ait là le risque de projeter la planète économique hors de son orbite, mais au contraire, c'est permettre d'en assurer l'équilibre nouveau et durable, en sortant de l'injustice et de la démesure où nous a entraînés l'ère néolibérale.

De nombreux chefs d'entreprise sont déjà les pionniers enthousiastes de cette révolution silencieuse mais féconde. C'est sans doute aussi l'occasion de changer notre regard sur l'entreprise, de reconsidérer la partition prétendument étanche entre le privé au service de son propre intérêt et le public au service de l'intérêt général. Cette partition, autant que ce monopole de l'intérêt général, ont en partie disparu. De plus en plus d'entreprises, de *start-up* aux destinées desquelles préside une génération nouvelle d'entrepreneurs qui a quelque chose à voir avec la génération climat, ont pris en charge une part de l'intérêt général. De l'éducation à l'environnement, de la santé à l'agriculture, quelque chose a changé, sans doute aussi grâce à la demande des consommateurs qui réclament transparence, qualité *made in France* ou respect de l'environnement et commerce équitable. De plus en plus, agir de manière responsable pour les entreprises est un gage de satisfaction des clients. L'esprit de l'économie sociale et solidaire souffle dans les voiles d'un nombre toujours plus grand d'entreprises qui veulent agréger une vision de la société à une proposition de valeur. On doit l'encourager, se départir de la suspicion qui peut être celle de la gauche vis-à-vis de l'entreprise. Car la lutte pour réduire les inégalités, lutter contre le changement climatique, pour davantage de partage de la décision ne se fera pas sans les entreprises.

Parfois, il faudra en contraindre certaines, le cas échéant sans faiblir, mais le changement sera d'autant plus fort si les entreprises sont convaincues elles-mêmes que le service du bien commun est leur intérêt autant que celui de chacune et de chacun d'entre nous, que leur action peut et doit y concourir. Beaucoup d'entreprises ont déjà pris ce virage. Elles souffrent d'ailleurs d'être invisibles dans le discours politique de la gauche. L'économie sociale et solidaire n'est plus anecdotique, les entreprises à mission s'implantent, l'impact social devient un vrai critère d'action et d'investissement pour des entreprises classiques. Bien sûr, cela ne va pas sans modèle économique ; c'est le propre d'une entreprise, mais ce n'est pas incompatible avec de nombreux aspects du bien commun. Au contraire, il faut des moyens et du professionnalisme pour aller plus loin, pour embaucher davantage. Il y a là des viviers d'emploi considérables. C'est une bonne nouvelle pour les travailleurs : une économie qui avance, se développe de façon éthique et durable, saura leur faire davantage de place. La vigilance (car la pure opération de communication n'est jamais loin) est de mise mais l'encouragement et l'empathie aussi... Le temps de nouvelles alliances s'ouvre.

À l'État, dans un dialogue le plus large possible avec les entrepreneurs, les organisations syndicales, les collectivités locales et la société civile dans sa grande diversité, de définir une stratégie industrielle, de défendre la base productive existante quand c'est nécessaire, de favoriser la constitution des alliances entre entreprises, de déterminer les secteurs indispensables à la vie de la nation et d'engager la conversion de notre modèle de développement en prenant en compte les avantages compétitifs du tissu industriel ou académique français. Certains secteurs devront engager leur mutation, certaines productions disparaîtront, les entreprises qui devront prendre un tournant, à la fois en relocalisant de façon sélective certaines productions ou en s'adaptant aux contraintes écologiques, devront y être aidées sans réserve.

Penser un plan de transformation global, c'est prendre en considération toutes les dimensions de la vie humaine : la mobilité du quotidien, le transport des marchandises, le logement individuel et collectif, l'enseignement supérieur et la recherche, les usages numériques, l'agriculture et l'alimentation, la santé publique, l'industrie lourde, la politique forestière, l'énergie, les déchets, l'urbanisme, les infrastructures, la mer... C'est aussi une méthode. À la puissance publique d'orienter l'investissement (par la fiscalité, par la subvention sous conditions sociale et environnementale), de partager le risque des innovations de rupture, de « solvabiliser » par la commande publique comme par le soutien à la demande les marchés émergents, de protéger de la déloyauté des pays qui ne s'embarrassent pas des règles imbéciles et en définitive dangereuses de la concurrence (ce qui suppose de changer en urgence le cadre européen), de mener sans relâche la bataille des brevets et des normes, de mobiliser les entreprises publiques, d'exercer une vigilance accrue à l'égard des participations de l'État, de nationaliser lorsque cela s'impose, d'investir dans des co-entreprises ou via des sociétés publiques d'investissement. Un engagement d'autant plus nécessaire que la France et l'Europe souffrent depuis plus de vingt ans d'un surendettement de leurs entreprises qui obère l'avenir. Un État stratège, mais aussi, à chaque fois que cela est nécessaire, un État entrepreneur, inaugurant une forme de « colbertisme vert » pour imprimer les tournants que le marché seul ne prendrait pas.

C'est sans aucun doute là pour moi, dans la restauration d'une certaine forme de centralité de l'État, qui n'a rien à voir avec une économie administrée, prendre le contre-pied de trente ans de renoncement. Le contre-pied d'une désindustrialisation contemplée trop longtemps avec fatalisme, voire organisée au nom d'une certaine vision de ce que devait être une nouvelle division internationale du travail, du démantèlement méthodique de nos fleurons industriels dont le plus emblématique, sans doute, est celui de Compagnie générale d'électricité, symbole de la grandeur et de la décadence du capitalisme industriel français.

La CGE privatisée en 1986, c'était le transport ferroviaire avec Alstom, maritime avec les Chantiers de l'Atlantique, l'électricité avec Saft,

Cegelec et aujourd'hui Nexans, c'était l'électronique et la Défense avec Thomson hier, Thalès et STMicroelectronics aujourd'hui, les télécommunications avec Alcatel… Un conglomérat stratégique pulvérisé en quelques décennies, entraînant des conséquences tragiques et irréversibles. J'ai le souvenir net du jour où nous apprenions le rachat d'Alstom Énergie par General Electric, de ces longues minutes d'incrédulité qui ont suivi l'annonce par l'agence Bloomberg (on avait pourtant assuré les yeux dans les yeux au ministre que la vente de l'entreprise n'était pas à l'ordre du jour. Je le sais, j'étais présent), de ce sentiment de gâchis mêlé de colère alors qu'on annonçait sur le tarmac de l'aéroport du Bourget la cohorte des conseillers juridiques et banquiers d'affaires venus des États-Unis comme si la cause était entendue. Et puis aussi, presque dans l'instant, celui d'un ministre décidé à ne pas laisser faire, se relevant les manches là où d'autres auraient baissé les bras, avec l'énergie de celui qui sait défendre une cause juste… J'ai vu de près, à Bercy, comme directeur de cabinet du ministre en charge de l'Industrie, la faiblesse de l'État, malhabile à gérer ses participations avec une poignée de fonctionnaires pour plus de cent milliards d'actifs, avec une direction générale en charge des entreprises progressivement dévitalisée à laquelle l'éphémère ministère du Redressement productif avait entendu redonner son lustre et sa puissance, avec des services économiques de l'État en région réduits à peau de chagrin. J'ai vu la hiérarchie implicite de ces directions d'administration centrale, avec l'Inspection des finances en majesté et la direction de l'Industrie tenue dédaigneusement à distance des « choses sérieuses »...

La nouvelle industrie, sobre et durable, souveraine à chaque fois que cela sera possible, sera une hybridation entre produits et services, entre savoir-faire anciens et nouveaux savoirs numériques, elle sera aussi régionalisée, rapprochant les lieux de consommation et de production.

L'écologie pour tous et pour chacun

Tous domaines et toutes matières confondues, la transition écologique nécessite environ cent milliards d'investissements, publics ou privés, par an pendant dix ans en France, correspondant au montant de la dette climatique, évaluée à 37 % du PIB. Tout retard accroît la facture et la fracture. Les efforts qui n'ont pas été accomplis hier rendent plus grands encore ceux que nous avons à consentir aujourd'hui. Ceux que nous n'accomplissons pas aujourd'hui seront insurmontables demain. Notre avenir ou celui de nos enfants ne peut plus être suspendu aux non-choix, aux petits renoncements et aux grandes lâchetés. Nous sommes face à un ordre de mobilisation générale. Afin de gérer ce tournant majeur, financer la transition écologique et briser la « tragédie des horizons », pour reprendre la formule heureuse de Mark Carney, ancien gouverneur de la banque d'Angleterre, considérant que seuls des investisseurs publics possèdent l'horizon de temps nécessaire pour investir, en jetant un pont entre le présent et l'avenir, il faut instituer une Caisse d'amortissement de la transition écologique, garantissant un haut niveau d'investissement à court terme dans cette évolution et son remboursement à long terme. Une caisse, inspirée de la Caisse d'amortissement de la dette sociale, avec des ressources affectées, une capacité de refinancement et un remboursement de la dette sur cinquante ans. Une caisse dont le produit servirait exclusivement au financement de la mutation de notre appareil industriel, à la rénovation énergétique ou au transport.

Passer à l'action et changer d'échelle. Prenons des idées concrètes pour échapper à l'incantation. Nous devons, par exemple, lancer un plan de soutien massif aux infrastructures ferroviaires et fluviales afin de repenser ces réseaux, les rénover et améliorer les moyens de transport, notamment de marchandises, qui sont les plus vertueux. Le transport ferroviaire de marchandises ne doit plus se contenter d'être un slogan de campagne, mais une priorité d'investissement pour atteindre un objectif de 30 % du transport de marchandises avant 2030. Ces vingt dernières années, des centaines de gares de fret et d'embranchements ont été fermées et le nombre de cheminots travaillant à Fret SNCF est passé de douze mille à quatre mille. Continuer dans cette logique, c'est prendre l'autoroute à contresens.

Il en va de même avec la question de la rénovation thermique des bâtiments et singulièrement des logements. Le bâtiment représente 43 % de la consommation d'énergie finale en France et compte pour près du quart des émissions de gaz à effet de serre. La rénovation énergétique des logements est identifiée depuis longtemps comme un gisement majeur de bénéfices environnementaux, économiques et sociaux. Pourtant, en dépit des efforts consentis, au rythme actuel, la neutralité carbone ne sera pas atteinte avant 2080. Il sera trop tard. Rater la cible et laisser douze millions de Françaises et de Français mal logés, vivant aussi mal qu'ils se chauffent mal, prisonniers de passoires énergétiques. Il est non seulement nécessaire mais possible d'arrêter ce gâchis en dix ans et d'atteindre la neutralité carbone en 2050, ce qui implique de changer d'échelle. C'est la proposition de la « prime climat » que les socialistes ont porté à l'Assemblée nationale en juin 2020 : plus de cinq cents milliards d'euros d'investissement en trente ans. Avec quinze emplois par million investi, la perspective est considérable.

La reconstruction écologique crée de l'emploi et donne un sens parfois perdu à notre travail, elle ne laisse personne au bord du chemin : zéro avance de trésorerie pour les propriétaires au moment des travaux grâce à un préfinancement public couvrant jusqu'à 100 % des coûts de rénovation thermique et d'acquisition des équipements. Les travaux sont subventionnés en fonction des ressources des propriétaires et de la zone géographique tandis que le remboursement du reste à charge se fait seulement au moment de la revente ou à l'occasion d'un héritage, soit de quelques années à plusieurs décennies après les travaux. À chaque défi écologique et social, sa solution.

*
* *

C'est l'écologie à hauteur d'homme, l'écologie des inégalités, celle des dominés, des vulnérables, celle des femmes, plus exposées que les hommes aux risques environnementaux, celle de la vie quotidienne, pas un bovarysme existentiel qui vous fait détester le présent et redouter l'avenir, mais une espérance, une émancipation, une promesse en acte de changer la vie, une écologie qui desserre la ceinture de quelques crans, une écologie de la flamme plutôt que de la cendre : mieux se loger, mieux se déplacer, mieux se nourrir, mieux se soigner, mieux travailler.

Abandonnerions-nous, ainsi, la question sociale sur l'autel de l'urgence climatique, comme hier nous l'aurions – prétendument – immolée aux sujets sociétaux ? Céderions-nous ainsi à l'écologisme sacrificiel après nous être abandonnés au cosmopolitisme libéral et à une conception individualiste du progrès ? C'est en distinguant ces combats frères que nous prenons le risque de n'en remporter aucun. Nous voulons l'éducation pour tous, nous voulons la santé pour tous, nous voulons le logement pour tous, nous voulons la culture et l'emploi pour tous, nous voulons l'écologie pour tous, comme nous voulons le mariage pour tous. Gardons en mémoire cette belle histoire vraie, racontée dans le très bon film *Pride*, de militants LGBT allés soutenir les ouvriers des mines sous Thatcher, dans les régions sinistrées du Royaume-Uni, loin des centres-villes, à une époque où l'homophobie était par ailleurs plus virulente qu'aujourd'hui. C'était certes un choc des rencontres, mais aussi une vraie solidarité, une réelle compréhension de ce que devrait être une convergence des luttes. Et ces ouvriers des mines, en retour, sont venus soutenir ces mêmes militants et leurs revendications à l'occasion d'une gay pride.

Être de gauche, c'est cela : ne pas diviser des causes intrinsèquement liées. C'est aussi ne pas céder à l'air du temps, surtout quand le temps est mauvais, quand préférer un réfugié vivant à un migrant mort devient un crime de lèse-« identité », alors que notre devoir d'humanité devrait en être renforcé. Être de gauche, c'est affirmer avec Montesquieu que, si nous ne sommes « Français que par hasard », nous sommes « nécessairement homme[s] ». Que de ce fait notre devoir de solidarité est absolu, à commencer par l'organisation de la société qui est la nôtre et à son ouverture sur le monde.

En somme, rien de ce qui concerne l'environnement ne peut plus aujourd'hui être indifférent au socialisme, car la question écologique est désormais intriquée comme un élément central des conditions matérielles de réalisation des idéaux de justice, de liberté et d'égalité. Parce que la prévalence des cancers chez les ouvriers exposés aux produits chimiques est 40 % plus élevée que pour la moyenne de la population, parce que l'espérance de vie des égoutiers est de dix-sept ans inférieure à celle d'un cadre, parce que vivre dans la pauvreté ou l'extrême pauvreté, c'est être plus que tout autre exposé aux risques environnementaux, c'est être prisonnier de son logement insalubre, de son véhicule polluant et bientôt interdit d'entrer dans les centres-villes, c'est ne pas avoir le choix d'une alimentation saine… Et que dire encore des injustices de genre, quand la vulnérabilité financière, culturelle et sociale des femmes augmente les injustices environnementales, et que le risque de décès des femmes est quatorze fois plus élevé lors d'une catastrophe naturelle ? L'écologie des inégalités doit guider l'action politique, celle de nos villes et de nos villages autant que celle du bout du monde…

« On ferait aisément l'histoire des maladies humaines en suivant celle des sociétés civiles » écrivait déjà Rousseau dans son *Discours sur l'origine et les fondements de l'inégalité parmi les hommes*. La pandémie, née, sans doute, d'un battement d'ailes de chauve-souris, nous l'aura rappelé : on ne prend pas soin de la nature sans prendre soin des femmes et des hommes ; on ne prend pas soin des femmes et des hommes sans prendre soin de la nature. Cette perspective, prenant soin à la fois de l'être humain et de l'environnement dans une approche du type « One Health », est la seule qui puisse concilier transition écologique et prévention des crises sanitaires et des maladies. Nous sommes de la nature et dans la nature. Une seule santé. Sous l'amour de la nature ne couve pas la haine des hommes.

Mais ne confondons pas tout. Nous avons certes cessé de croire qu'il était inutile de s'inquiéter de l'avenir, protégés que nous pensions être par le progrès. Un progrès qui s'occupait de tout, comme si l'histoire se faisait à notre insu et toujours avançait vers le meilleur. Mais certains se sont empressés d'en conclure à l'irrémédiable misère de l'idée de progrès, oubliant qu'elle est indissociable de celle même que l'on se fait de l'avenir. Éteindre les Lumières, pourtant, c'est un peu éteindre l'avenir. Refusons les alternatives qui n'en sont pas entre progrès sans avenir et avenir sans progrès. Refusons que l'ombre de la catastrophe soit le prétexte pour nous dispenser d'agir. Opposons une fin de non-recevoir aux décisions d'autorité qui privent les citoyens de débat.

« Le problème », nous dit le philosophe Michaël Foessel, « est que les grands récits catastrophistes sont des récits sans peuple, où l'essentiel est déjà advenu et où l'on peut seulement réagir à une mutation du temps qui prend l'allure d'un destin. » Préférons le progrès fruit de la délibération, de la conscience et de la raison, à la collapsologie prise dans les phares. Considérons le progrès comme un océan de questions critiques à surmonter par le débat démocratique, ouvrant des voies nouvelles vers l'avenir, plutôt qu'un chemin sans issue. Mettons le progrès, ce qu'il n'aurait jamais dû cesser d'être, au service de la transition environnementale et de la transformation sociale comme conditions nécessaires de la transformation de la condition humaine. Un nouveau progrès fruit d'un nouvel esprit du socialisme.

V.

C'est d'humain qu'il est question

Dans le silence des usines à l'arrêt, d'avions cloués au sol, de théâtres, de musées, de magasins et de restaurants fermés, la crise nous ramène à l'essentiel, le primat de l'homme et de la vie sur l'économie. Dans cette crise de nos vulnérabilités, comme une revanche sur l'individualisme qui rongeait nos sociétés, nous n'avons jamais, heureusement, tant pris soin les uns des autres… « Prends soin de toi, prends soin des tiens » : derrière cette formule devenue banale en temps de Covid-19 par laquelle nous avons clos pendant des mois et des mois chacune de nos conversations alors que nous étions privés de nos proches, de nos familles et de nos amis, un nouvel horizon se dessine, celui d'une société de bien-être se fixant pour objectif la pleine santé pour toutes et tous. Nous ne sommes pas seulement appelés à sortir de la crise mais à changer de modèle. Un modèle respectueux de l'homme et de son environnement, reconsidérant nos valeurs et nos priorités, soucieux de justice.

Travailler tous et travailler mieux, voilà l'ambition, voilà l'exigence de l'action publique. Au-delà de la crise des centaines de milliers de chômeurs qu'elle frappera et qui appelle une lutte implacable pour l'emploi, il y a les mutations de notre modèle de développement et les défis immenses qui nous font face. La question n'est pas tant de savoir si nous sommes au seuil d'une destruction massive d'emplois portée par la marée montante de l'intelligence artificielle, ou s'il ne s'agit là que d'une menace fallacieuse. La question est plus certainement de savoir si la révolution numérique annoncée produira suffisamment de gains de productivité, libérera les bras et l'intelligence indispensables pour répondre aux deux enjeux majeurs que sont la dépendance liée au vieillissement et le changement climatique, et si nous saurons accompagner ces tournants, par la formation tout au long de la vie, par des transferts de compétences d'un secteur à un autre, par nos mécanismes de gestion des transitions professionnelles, par des possibilités de modulation du temps de travail, par des dispositifs comme le prêt de main-d'œuvre ou les groupements d'employeurs.

Des emplois vont disparaître, certains vont changer de nature et beaucoup sont à inventer. Il est vain de s'en désoler, il faut même s'en féliciter. Tant mieux, automatiser certaines tâches désautomatisera les hommes et leur redonnera leurs pouvoirs d'humains. À certains égards et dans certains secteurs, il faudra même rematérialiser l'économie. Quel sens y a-t-il, pour ne donner qu'un exemple, à continuer de soutenir le modèle d'Amazon quand l'on songe que, pour chaque emploi que la multinationale prétend créer, deux à quatre emplois sont par ailleurs détruits dans les commerces de proximité ? Laissons aux machines, le travail de machines, répétitif et aliénant, qui provoque la scission du labeur et de la vie, et aux hommes le travail humain, celui du sensible, du contact, du soin prodigué à l'autre. Tous les métiers, présents et à venir, que ni la machine ni l'intelligence artificielle ne feront disparaître, parce que justement c'est d'êtres humains qu'il s'agit et d'intelligence humaine qu'il est question.

La valeur a changé de camp

L'heure est venue d'une radicale reconsidération morale et économique des tâches du soin.

Cela suppose de s'arracher à une lecture univoque du monde du travail au prisme de la productivité ou de la « création de richesse », notion dont on mesure la contingence. S'il est vrai, désormais sans ambiguïté, que les droits humains l'emportent sur la raison du profit, que l'effort écologique est notre nouvel horizon de société quand bien même il bouleverse les modèles économiques en place, si la lutte contre les inégalités est le moyen de reconstruire une « décence commune », comment dès lors imaginer que la distribution des richesses reste identique, toujours comprise dans un rapport de force entre capital et travail ? Il faut aller plus loin.

Certes, il faut que le travail paie plus, que les richesses se répartissent mieux et davantage, mais ce que nous devons aussi proposer n'est pas seulement un déplacement de curseur dans le sens du travail. Il nous faut désormais voir autrement, concevoir le modèle d'après, un modèle qui ne repose pas que sur un rapport de marché, celui du travail, en l'occurrence. Travail contre salaire. Bien sûr, c'est le fondement de notre économie : créer pour redistribuer, permettre à tous de s'élever par le travail. Mais on ne peut plus faire comme si les temps n'avaient pas changé, comme si l'automatisation n'était pas un fait avéré qui bousculait l'emploi.

Alors traçons un réel horizon social : demain, le salaire sera une modalité pour gagner sa vie. Une parmi d'autres. Actuellement, seuls les plus fortunés ont d'autres modalités. C'est le capital, c'est la rente. Pour beaucoup, il n'y a que l'emploi et tout repose sur sa fragile existence soumise à mille aléas. Demain, d'autres modes de valorisation de nos activités sociales devront prendre forme. Cela s'appelle l'économie contributive, où la manière de constituer des rémunérations tient compte de l'utilité et de la valeur sociale créées.

Car pourquoi tout ce qui n'est pas marché devrait rester en dehors de l'économie, de la rémunération et de la création de droits sociaux ? Pourquoi le soin, l'entraide, l'utilité collective, le lien social dans toutes ses dimensions, les solidarités, mais aussi les actes de la transformation écologique de nos modes de vie devraient-ils forcément rester du côté de l'amateurisme, du bénévolat, de la bonne volonté de quelques-uns, du travail gratuit ? L'économie de demain est l'économie-pollen, celle où la pollinisation (tout ce qui vient féconder la société) compte autant que le miel que l'on tire à la fin du processus productif. C'est la revanche de l'externalité positive qui s'affirme comme aussi importante (voire plus) que le rapport marchand. Car dans cet exemple du miel et du pollen, qui, au fond, crée le plus de richesse dans la société ? Ce n'est clairement pas le miel. Nous voilà dans un temps où la valeur change de nature et doit mettre en face de l'utilité les nouvelles formes de rémunération. Alors se dessinera un nouveau modèle de développement économique fondé sur « la production de l'humanité par l'humain » pour reprendre l'expression de l'économiste Robert Boyer. Un modèle économique pour le XXIe siècle, où le travail n'est pas mis au service de la croissance du PIB, mais de la « bonne vie », ou de la « pleine santé » – empruntons à l'économiste Éloi Laurent cette formule –, celle de l'homme comme celle de la nature, santé sociale et écologique, où l'éducation, la culture nourrissent l'indice de bonheur brut du Bouthan ou le « budget de bien-être » de la Nouvelle-Zélande…

Le travail ne manque pas

« Nul n'est inemployable », l'affirmation pourrait n'être qu'une vaine formule, elle est au contraire une exigence dans l'action et à tout dire une conviction qui se soulève contre la résignation face au chômage et contre tous les discours défiants, simplistes ou brutalement indignes à l'endroit des chômeurs. L'un comme l'autre nourrissent la frustration, le repli sur soi, l'incompréhension quand il ne s'agit pas de la colère. « Nul n'est inemployable », c'est le mot d'ordre et le mode d'action de l'économie sociale et solidaire, des ateliers et chantiers d'insertion aux entreprises adaptées dans lesquelles le handicap se surmonte, se démonte, se montre. Des entreprises qui produisent et qui protègent.

Un espoir est né que le chômage de masse ait une fin, que le déclassement ait une fin, que l'invisibilité et l'indifférence aient une fin et que chacun ait une place. « Territoires zéro chômage de longue durée », né en 2015 de la pugnacité militante d'hommes et de femmes qui luttent au quotidien pour la dignité humaine et contre l'exclusion, est de ces utopies concrètes. Comment ne pas penser, par exemple, à Geneviève de Gaulle-Anthonioz qui, toute sa vie et de toutes ses forces, avait fait de la lutte contre la misère son chemin de résistance ? Ramener dans l'emploi, en contrat à durée indéterminée, des personnes restées longuement au chômage, souvent depuis plus de quatre ans, leur redonner espoir, dignité, estime de soi et estime des autres. Il faut le voir pour le croire, j'en ai moi-même été le témoin ému à Colombelles, dans le Calvados : les transformations physiques et morales, les corps et les têtes qui se redressent, les sourires qui éclosent sur les visages, les yeux qui soutiennent les regards, oser à nouveau être un peu coquette, un peu élégant, être regardé ; il faut écouter et entendre ces anciens chômeurs : « On nous appelait les cassos », « Je suis un travailleur, pas un fainéant », « Je suis pas un déchet, je suis une valeur ajoutée » peut-on entendre dans l'émouvant documentaire *Nouvelle cordée* de Marie-Monique Robin.

Cette utopie concrète repose sur le postulat que, si les emplois manquent, le travail, lui, ne manque pas ; qu'il y a dans nos territoires des activités socialement utiles, répondant à des besoins parfois essentiels, mais dont l'initiative privée se détourne faute de marché solvable ou de profits suffisants, douteux ou à trop long terme, faute surtout d'être capable de donner sa vraie valeur à l'utilité sociale. Alors coexistent sans jamais se rencontrer des besoins insatisfaits et des demandes d'emplois infructueuses. En rendant la vue au marché aveugle à l'utilité sociale, du crédit et des crédits, en soutenant financièrement ces initiatives, en transformant la majorité des revenus de transfert en une aide unique, il est non seulement possible de créer du travail durable pour tous, mais aussi de faire des économies de dépenses publiques car le coût de ces emplois est inférieur au coût du chômage. Des emplois conçus dans la mobilisation des acteurs du territoire, qui placent l'homme au cœur, en partant du demandeur d'emploi, de ses motivations, de ses compétences, de son parcours, de ses besoins. Prendre les chômeurs tels qu'ils sont et adapter le travail à leurs compétences. Et si tant de chômeurs de longue durée se font un devoir d'accepter, c'est que le droit à l'emploi, inscrit au préambule de la Constitution de 1946, devient pour eux plus qu'une promesse, une réalité, en offrant une forme d'activité en dernier ressort à chacune et chacun de sorte qu'il y ait un plancher sous lequel nul ne peut glisser. Voilà le chemin.

*
* *

« Vous avez un ministère de la Guerre ; il vous faut un ministère de la Paix, et le ministère de la Paix, c'est le ministère du Progrès et du Travail » déclarait Louis Blanc le 10 mai 1848. La paix par le progrès et par l'emploi. La paix sociale, le progrès humain, le travail décent qui fait le travailleur digne. La marche vers la dignité, c'est l'histoire de la République du travail, c'est celle de l'enfant de huit ans qu'on arrache à l'usine, à la manufacture, à l'atelier pour l'asseoir sur les bancs de l'école ; c'est le métallo qui pose le marteau, quitte le bruit des machines et part en congé payé ; c'est l'ouvrière qui accède au congé maternité et à la joie sans inquiétude d'être mère… c'est aussi le salaire minimum, la journée de huit heures, la réglementation de l'hygiène et de la sécurité au travail, le repos hebdomadaire, la semaine de 40 heures, puis de 35 heures… Sans travail, chacun est seul face à l'impossibilité de sa propre vie. Le travail émancipe, le travail répare, mais parfois aussi, il abîme. Il peut être fait d'aliénation, de rapports de force, de violences psychologiques, d'intimidations, d'abus de pouvoir, d'usures physiques, d'inégalités, de discriminations de toute sorte, de précarité, de polyvalence subie, de tâches émiettées, de temps fractionnés… La pénibilité n'est pas un mot qui abîme le travail, c'est une réalité qui abîme le travailleur. Bien la nommer, c'est déjà commencer de la réduire comme on réduit une fracture. Les gestes répétitifs, les charges lourdes, l'exposition aux produits chimiques, la manutention, les vibrations, le bruit des machines… Comme le déclarait le ministre du Travail Jean Auroux créant les Comités d'hygiène, de sécurité et des conditions de travail en 1982, l'entreprise n'est plus le lieu du silence des hommes.

De grands progrès ont été possibles, accomplissons les dernières améliorations de la santé au travail, des vies professionnelles complètes et dignes qui font l'espérance de vie en bonne santé et les retraites heureuses, et ne reculons pas au prétexte de rationalisation ou de modernisation. La réparation n'est qu'une demi-justice, la vraie justice réside dans la réduction des écarts d'espérance de vie, dans la prévention des maladies professionnelles, dans la prise en compte des risques psychosociaux, dans l'appréhension de toutes les questions de vieillissement au travail. La République du travail doit être celle de la bonne santé au travail, celle du travail qui libère, celle du travail heureux, tandis que la souffrance au travail aliène et tue.

Conclusion

Le bruit du tic-tac

« L'avenir, écrit Hannah Arendt, est comme une bombe bénéfique ou maléfique, au mécanisme d'horlogerie profondément enfoui, mais dont le tic-tac résonne dans le présent. » La crise nous ordonne d'entendre le bruit du tic-tac, les cris de la nature, les cris de la démocratie, les cris des hommes et des femmes. Jamais nos vulnérabilités ne sont apparues de façon si évidente et jamais non plus la nécessité d'une action solidaire ne s'est révélée plus urgente. La pandémie nous rappelle à notre commune humanité, à l'exigence d'égale dignité qu'elle implique et au sens perdu de la fraternité. Fraternité entre les hommes, entre les nations, entre les cultures. Car nous savons bien que ni notre prospérité, ni notre santé, ni notre liberté, ni notre bonheur ne sont indépendants de ceux des autres.

Partout où des hommes souffrent, leurs douleurs sont les nôtres, leurs souffrances et leurs misères aussi. La fraternité est, plus que jamais aujourd'hui, la façon la plus accomplie de marcher vers la justice. La justice comme réponse aux désordres du capitalisme financiarisé, la justice comme moteur de la grande transformation écologique et sociale à laquelle notre pays est appelé, la justice contre toutes les dominations, les relégations, les discriminations, les inégalités. Et comme moyen de surmonter les défis qui nous font face. Ils sont immenses : une reconstruction, longue, laborieuse, exigeante, méthodique.

Mais une reconstruction exaltante, parce qu'elle n'est pas à l'identique, qu'elle est toute d'invention, d'initiative et, à la fois, d'audace et de prudence. Qu'elle sera le fait d'un peuple qui a toujours démontré dans l'épreuve sa capacité à résister, agir et riposter. À innover et à bâtir. Il s'agit de se réinventer et de réinventer le monde, de le remettre, lui, « à l'endroit » et l'économie au service de tous, c'est-à-dire au service de l'homme, mais aussi au service de la nature, car sans son respect scrupuleux et sa régénérescence là où c'est encore possible, il n'y pas d'avenir vivable.

L'écriture de ce petit livre, rédigé par temps de tempête et à la veille d'échéances décisives pour notre pays, s'est, en quelque sorte, imposée à moi parce qu'il m'a semblé qu'en cette période de confusionnisme intellectuel, il était nécessaire de mettre noir sur blanc un certain nombre de constatations et également de propositions. Pas un programme, plutôt une contribution humble et personnelle à la lecture de ce moment d'histoire qui nous saisit et nous oblige, et dont j'espère qu'elle pourra servir à cette reconstruction qui est si nécessaire après la pandémie, mais surtout après les errements d'apprentis sorciers, sans réflexion et sans mémoire, voulant la réforme pour la réforme et certains de détenir la vérité au détriment de tout autre point de vue. Des idées et des principes auxquels se rattacher pour rappeler que lorsque les périls menacent, la gauche a toujours l'éminente responsabilité de répondre présent. Aujourd'hui plus que jamais, il le faut. Une adresse aussi à toutes celles et ceux qui doutent autant qu'ils espèrent. À celles et ceux que les injustices révoltent, qui ont la gauche confusément au fond d'eux, comme une larme au coin du cœur, et qui veulent se battre pour un monde de justice.

Voilà le chemin d'un réveil du « peuple de gauche », celui du transfert des cendres de Jaurès au Panthéon en 1924, celui de 1936, des immenses manifestations de la Bastille un soir de mai 1981.

Partout dans le monde, des hommes et des femmes joignent le rêve à l'action. Parfois à mains nues, une à une, ils posent les pierres du monde de demain. Ils les posent. Solidaires. Ils les posent et se relaient. Déterminés. Optimistes. Sans l'obsession du spectacle de la chute. Chaque pierre dessine une fondation, bientôt un mur, demain une maison, et les rapproche joyeusement du monde dont nous rêvons. Alors ils posent d'autres pierres. Et en posant d'autres pierres toujours plus hautes, ils imaginent, ils espèrent, ils bâtissent en pensée les bases d'un avenir commun sur cette Terre. Nous en sommes, unissons nos forces, accélérons la cadence ensemble, posons de nouvelles pierres de concert. Il y a des moments, dans la vie des femmes et des hommes, où la conscience et la nécessité d'agir s'imposent comme un impératif catégorique. Au nom d'une société juste et soutenable, au nom des générations à venir, chacun de nous peut s'indigner d'une saine colère et prendre part à l'action politique.

Je prends ici ma part. Dans le printemps qui s'annonce, laissons monter la sève de nos espoirs, et créons les conditions d'une vie juste, saine et meilleure. L'avenir est là, à portée, c'est aujourd'hui. Tout y bourgeonne. Tout dans l'arbre veut être fleur.

Remerciements

Je voudrais dire ma reconnaissance, ma dette, mon amitié à Christophe Prochasson, Marion Fontaine, Étienne Grass, François-Xavier Petit, Maxime Sauvage, Milo Lévy-Bruhl, Jean-Baptiste Prévost, Adrienne Brotons, Philippe Quéré, Nicolas Bighetti et Guillaume Oriol.

Des remerciements plus particuliers :

À mes collègues députés socialistes et apparentés, auprès desquels j'ai le bonheur et le privilège de siéger depuis juin 2017, qui jamais ne transigent quand il en va des valeurs de la gauche et se battent sans réserve pour la justice.

À Sophie Berlin pour sa confiance et son accompagnement aussi exigeant que bienveillant.

Mon affection et ma reconnaissance, enfin, à Pierre et Dominique Vallaud et à Najat Vallaud-Belkacem.

Table

Cet ouvrage a été mis en page par IGS-CP
à L'Isle-d'Espagnac (16)

CET OUVRAGE
A ÉTÉ ACHEVÉ D'IMPRIMER
SUR ROTO-PAGE
PAR L'IMPRIMERIE FLOCH
À MAYENNE EN AVRIL 2021

N° d'édition : L.01EHBN001236.N001. N° d'impression : 98160
Dépôt légal : mai 2021
(Imprimé en France)